TOD

· TRANSTORNO DE OPOSIÇÃO DESAFIANTE ·

Dados Internacionais de Catalogação na Publicação (CIP)
(Câmara Brasileira do Livro, SP, Brasil)

Daffi, Gianluca
  TOD : Transtorno de Oposição Desafiante : o que fazer e o que evitar: guia rápido para professores do Ensino Fundamental e Médio / Gianluca Daffi ; tradução de Moisés Sbardelotto. – Petrópolis, RJ : Vozes, 2023.

  Título original: DOP: cosa fare (e non)
  Bibliografia.

  2ª reimpressão, 2024.

  ISBN 978-65-5713-810-6

  1. Educação 2. Sala de aula 3. Transtorno de déficit de atenção e hiperatividade 4. TOD (Transtorno Desafiador e Opositivo) I. Título

23-147846   CDD-618.9289

Índices para catálogo sistemático:

1. Transtorno Opositivo Desafiador : Psiquiatria :
   Ciências médicas   618.9289

Eliane de Freitas Leite – Bibliotecária – CRB 8/8415

Gianluca Daffi

TOD

· TRANSTORNO DE OPOSIÇÃO DESAFIANTE ·

guia **RÁPIDO**
para professores do
ENSINO FUNDAMENTAL E MÉDIO

Tradução de Moisés Sbardelotto

EDITORA VOZES

Petrópolis

© 2021, by Edizioni Centro Studi Erickson S.p.A., Trento (Itália)
www.erickson.it
www.erickson.international

Tradução do original em italiano intitulado *DOP– Cosa fare (e non) –*
guida rapida per insegnanti

Direitos de publicação em língua portuguesa – Brasil:
2023, Editora Vozes Ltda.
Rua Frei Luís, 100
25689-900 Petrópolis, RJ
www.vozes.com.br
Brasil

Todos os direitos reservados. Nenhuma parte desta obra poderá ser reproduzida
ou transmitida por qualquer forma e/ou quaisquer meios (eletrônico ou
mecânico, incluindo fotocópia e gravação) ou arquivada em qualquer
sistema ou banco de dados sem permissão escrita da editora.

CONSELHO EDITORIAL

Diretor
Volney J. Berkenbrock

Editores
Aline dos Santos Carneiro
Edrian Josué Pasini
Marilac Loraine Oleniki
Welder Lancieri Marchini

Conselheiros
Elói Dionísio Piva
Francisco Morás
Gilberto Gonçalves Garcia
Ludovico Garmus
Teobaldo Heidemann

Secretário executivo
Leonardo A.R.T. dos Santos

Editoração: Fernando Sergio Olivetti da Rocha
Diagramação: Sheilandre Desenv. Gráfico
Ilustrações: Carciofo Contento
Revisão gráfica: Alessandra Karl
Capa: Érico Lebedenco
Ilustração de capa: CarciofoContento

ISBN 978-65-5713-810-6 (Brasil)
ISBN 978-88-590-2591-7 (Itália)

Este livro foi composto e impresso pela Editora Vozes Ltda.

SUMÁRIO

Apresentação, 7

Introdução, 9

Capítulo 1 Não quer participar das atividades da classe, 66

Capítulo 2 Utiliza termos vulgares e palavrões, 72

Capítulo 3 Incita a turma a se revoltar, 78

Capítulo 4 Acusa o professor de ser preconceituoso, 84

Capítulo 5 Sai da sala de aula sem permissão, 90

Capítulo 6 Pede constantemente para ir ao banheiro, 96

Capítulo 7 Contradiz o professor repetidamente, 102

Capítulo 8 Insulta os colegas ou debocha deles, 108

Capítulo 9 Provoca o professor verbalmente, 114

Capítulo 10 Quer se vingar na escola, 120

CAPÍTULO 11 Não compreende as advertências, 126

CAPÍTULO 12 Não quer voltar para a sala de aula, 134

Referências, 143

Apêndice — Fichas de trabalho, 145

APRESENTAÇÃO[1]

Caros professores e professoras,

Há quase vinte anos leciono em um instituto profissional e tive que lidar com inúmeros alunos e alunas desafiadores e opositores. A necessidade de ter que "geri-los" em sala de aula, junto com o desejo de percorrer com eles um percurso formativo de sucesso, levou-me a interessar-me também em âmbito acadêmico pelo tema das dificuldades de autocontrole. Foi somente depois de vários anos que cheguei a compreender que nem todos os comportamentos provocadores postos em prática pelos meus alunos e alunas são um sintoma de um transtorno. Algumas crianças e adolescentes apresentam histórias familiares complexas; outros não amadureceram as competências necessárias para se relacionarem corretamente com os adultos; outros ainda vivem a fase da adolescência de forma bastante turbulenta, e isso pode levar a ações impetuosas em relação a professores e professoras que às vezes se tornam o único alvo disponível.

Agora, já estou preparado para toda essa variedade humana. Acredito que faz parte do nosso ofício "saber geri-los" da maneira mais oportuna, e, se algum jovem professor deseja aprofundar algumas estratégias eficazes, eu o convido a pedir conselhos aos colegas mais velhos ou a ler alguns guias interessantes sobre a gestão de sala de aula (nas Referências, indico alguns títulos). O livro que vocês têm em mãos não trata da "administração ordiná-

---

1. Para uma maior fluidez de leitura, o texto faz referência principalmente ao gênero masculino. No entanto, as situações comportamentais e as estratégias propostas dizem respeito a homens e mulheres, sem distinção.

ria", mas de casos complexos, de alunos e alunas que não apenas põem em prática comportamentos que poderíamos definir como inapropriados, mas que também apresentam dificuldades de autocontrole tão importantes e explosivas a ponto de serem classificadas como transtornos. Não é difícil identificar um menino ou uma menina que sofre de um transtorno, pois, como escrevi, ele ou ela está em um *estado de sofrimento* por causa desse transtorno: é ele ou ela, em primeiro lugar, a sua própria vítima.

Um exemplo ajudará a entender.

Em uma turma do 3º ano do Ensino Fundamental, tenho cerca de trinta alunos, e dois deles foram repetidamente encaminhados ao diretor da escola.

Um deles é Paulo: é um encrenqueiro, um revolucionário, um tipo muito polêmico e inteligente, que muitas vezes se torna porta-voz do descontentamento de toda a turma, mas, infelizmente, com modalidades decididamente pouco adequadas. Ele insulta quem não pensa como ele, desafia toda autoridade, não respeita nenhum limite. Tem um pequeno grupo de seguidores na escola. Mesmo quem não o ama também o estima, porque ele é percebido por seus colegas como uma espécie de temerário.

O outro é Daniel: ele também costuma ser polêmico, não gosta de ser contrariado, irrita-se facilmente quando professores ou professoras lhe apontam alguns comportamentos que podem ser melhorados. Quase não chega perto de ninguém, e ninguém chega perto dele. É briguento e, muitas vezes, chega às vias de fato. Afirma que são sempre os outros que o provocam e zombam dele. Fora da escola, quase nunca sai com ninguém. Alguns de seus colegas se esforçam para suportá-lo, outros o ignoram.

Ambos são alunos que poderíamos definir como "difíceis". Mas qual dos dois, na opinião de vocês, está em um estado de sofrimento?

INTRODUÇÃO

O transtorno TOD

O TOD, Transtorno de Oposição Desafiante[2], é um transtorno do comportamento, assim como o Tdah (Déficit de Atenção e Hiperatividade). Mas, ao contrário deste último, que está incluído na categoria dos transtornos do desenvolvimento, o TOD foi recentemente classificado como um *transtorno disruptivo* (junto com o Transtorno de Conduta e o Transtorno de Personalidade Antissocial).

Trata-se de um transtorno que, com diferentes graus de severidade, diz respeito a uma porcentagem significativa de sujeitos em idade escolar: em média 10 alunos em cada 100[3]; geralmente surge precocemente, a ponto de alguns comportamentos significativos já poderem ser notados antes dos 5 anos de idade, mesmo que o período em que o transtorno se manifesta em toda a sua complexidade seja o do Ensino Fundamental. É nessa fase que, para além das dificuldades e dos desafios típicos da idade, apresentam-se de modo mais evidente as disfunções decorrentes do transtorno e, paralelamente, a *capacidade limitada de estabelecer e manter relações satisfatórias*, fundamentais para o bem-estar individual.

---

2. De acordo com a nomenclatura do DSM-5 (*Manual Diagnóstico e Estatístico de Transtornos Mentais*. 5. ed. Porto Alegre: Artmed, 2014 [N.T.].

3. Cf. MURATORI, P.; LAMBRUSCHI, F. *I disturbi del comportamento in età evolutiva*. Trento: Erickson, 2020.

Existe a possibilidade de que um aluno ou uma aluna com TOD, se não for monitorado corretamente, na presença de adversidades ambientais e de fatores de desenvolvimento desfavoráveis, aumente a frequência e a intensidade de seus comportamentos de oposição, a ponto de agravar seu quadro clínico. Nesses casos, podem se manifestar comportamentos semelhantes a uma forma psicopatológica muito mais grave, tanto em termos de comportamentos quanto de resultados/consequências.

Por isso, é fundamental que professores e professoras conheçam e reconheçam as principais manifestações do TOD e promovam prontamente as intervenções adequadas.

As principais características do transtorno foram ilustradas no DSM-5, o *Manual Diagnóstico e Estatístico de Transtornos Mentais* (APA, 2013), referindo-se a três categorias bem distintas. Dentro de cada categoria foram inseridos comportamentos claramente observáveis.

1 *Humor raivoso e irritável*

- perde a calma;

- é sensível ou facilmente incomodado;

- é raivoso e ressentido.

2 *Comportamentos questionadores e desafiantes*

- questiona figuras de autoridade ou adultos;

- desafia acintosamente ou se recusa a obedecer a regras ou pedidos de figuras de autoridade;

- incomoda deliberadamente outras pessoas;

- culpa os outros por seus erros ou mau comportamento.

3 *Índole vingativa*

- assume atitudes malvadas ou vingativas.

Se esses sintomas dizem respeito a alguns de seus alunos e alunas, vocês devem saber que não basta praticar um desses comportamentos para poder ser definido como um aluno com TOD, porque esses atos de oposição devem estar presentes com frequência, de forma excessiva e de maneira persistente[4].

Na escola, não é difícil identificar alunos ou alunas que muitas vezes apresentam comportamentos de oposição e tendem a ultrapassar o limite: são as crianças e adolescentes que se irritam, brigam, desafiam, acusam e/ou se mostram vingativos não com um único professor ou professora, mas com os adultos com quem entram em relação em várias ocasiões: durante uma avaliação, durante um trabalho em grupo ou simplesmente quando são convidados a se envolverem ativamente durante uma aula.

Suas respostas negativas *desmedidas* são claramente distinguíveis das reações negativas de quem, embora demonstre uma atitude polêmica ou irritante, nunca ultrapassa os limites. Trata-se de modalidades disfuncionais que modificam substancialmente o clima em sala de aula, criando um "gelo" e um constrangimento tanto nos colegas quanto no professor ou na professora.

Não é desmedida a reação irritada do aluno ou da aluna que bufa, resmunga e talvez sussurre algum insulto ao ser surpreendido por um professor ao estar olhando para o celular.

---

4. O DSM-5 relata como indicação para eventuais diagnósticos em sujeitos com uma idade inferior aos 5 anos a presença de pelo menos quatro comportamentos praticados com uma frequência quase diária, associada a uma duração da situação problemática de pelo menos seis meses e, quando o sujeito tiver uma idade superior aos 5 anos, a presença de pelo menos quatro comportamentos praticados pelo menos uma vez por semana, sempre associada a uma duração da situação problemática de pelo menos seis meses.

Por sua vez, é desmedida a reação do jovem que, na mesma situação recém-descrita, joga o celular na direção do professor, dirige-se a ele com uma ofensa pesada e chuta a mesa antes de sair da sala sem permissão.

Em situações como essas, notamos a presença não apenas dos principais comportamentos associáveis ao TOD, mas também de um certo *nível de estresse* no indivíduo ou em quem faz parte de seu contexto social, que o próprio DSM-5 considera como um elemento fundamental para o diagnóstico do transtorno.

Devemos lembrar que essas condutas de oposição e provocação criam dificuldades tanto para os jovens professores e professoras pouco experientes na gestão de sala de aula quanto para os professores e professoras mais maduros, pois têm um forte impacto negativo em seu próprio senso de autoeficácia, no clima em sala de aula e, por último, mas não menos importante, na possibilidade de alcançar os objetivos formativos previstos tanto para o grupo quanto para o indivíduo. Porém, não se deve esquecer que o aluno ou a aluna com TOD também *sofre* com seu próprio transtorno: ele ou ela está sujeito a um nível de tensão física e psicológica muito alto, muitas vezes manifesta um comprometimento da própria capacidade de adaptação em 360°, com repercussões não apenas no contexto escolar, mas, de modo mais geral, também em toda a área da socialidade.

Uma das principais consequências negativas da presença do TOD é justamente a rejeição social, principalmente a *rejeição dos pares*. Como vimos antes, alunos e alunas com TOD não são líderes negativos, mas muitas vezes são afastados dos colegas e tendem a ser isolados devido a seu transtorno.

Por exemplo, quando Daniel é pego usando o celular na aula, o professor o repreende com razão, pedindo que ele respeite o regulamento e lhe entregue o telefone.

Nesse ponto, o menino se recusa, começa a polemizar, insulta o professor com expressões vulgares e desrespeitosas. O professor se altera e toda a turma se volta contra Daniel. Nesse momento, o menino explode: joga o telefone contra a mesa e manda os colegas "para aquele lugar", depois dá um soco na porta, danificando-a, e sai da sala sem permissão. Resultado: o professor pede a *suspensão* por dois dias.

Não julgamos a reação do professor: mesmo que não a compartilhemos plenamente, certamente a achamos compreensível. À luz dos poucos conhecimentos apresentados até agora, gostaríamos, porém, que dois aspectos ficassem claros:

- Daniel não está satisfeito por ter reagido daquele modo, tanto que, logo depois, sente um pesado sentimento de culpa pelo que ocorreu, mas sem conseguir comunicar esse seu estado de espírito ao professor ou aos colegas;

- o professor não está satisfeito com sua própria intervenção, porque não é um sucesso ter reagido sem conseguir compreender as necessidades do aluno e sem alcançar os objetivos educacionais preestabelecidos.

Como esses são exemplos que vivi em minha vida profissional, nos quais eu mesmo fui vítima de muitas crenças relativas ao transtorno do comportamento, hoje estou mais do que nunca convencido da importância de reler todas as situações sem pensar em um professor que controla e em um aluno que é controlado. Há um único problema que deve ser abordado em conjunto: o transtorno disruptivo do comportamento.

Crenças, conhecimentos e objetivos formativos

Identificar instrumentos e estratégias para gerir com sucesso, junto com o aluno ou a aluna, as principais situações de risco envolve a necessidade de identificar claramente quais são os nossos objetivos formativos.

Por que muitas vezes sentimos uma certa sensação de impotência diante de alunos ou alunas com TOD? A resposta, na minha opinião, é que muitas vezes, em nosso papel de adultos educadores, assumimos objetivos que não são alcançáveis e que, de fato, geralmente não alcançamos. Tudo isso gera como consequência imediata uma drástica redução no senso de autoeficácia percebida. Em suma, até mesmo os melhores professores, assumindo metas fora de seu alcance, acabam nunca se sentindo completamente adequados diante de um aluno com TOD.

A ideia de que um professor pode modificar o temperamento de um aluno "incontrolável" – pelo fato de ser afetado por um transtorno – em um estudante facilmente "controlável" – como se não tivesse nenhum transtorno – enquadra-se no âmbito da *pura crença*. Em suma, de que o professor é capaz de implementar estratégias para fazer desaparecer totalmente os comportamentos de oposição. Às vezes, até já me perguntaram o que fazer para ajudar o menino ou a menina a "se curar".

Pois bem, o professor ou a professora que quisesse assumir objetivos desse tipo já começaria derrotado, com todas as consequências negativas no que diz respeito à percepção de si mesmo e das próprias competências profissionais.

Os conhecimentos sobre o transtorno nos dizem que a intervenção do professor não serve para "curar o transtorno", expressão em si mesma incorreta, mas para reduzir a manifestação dos comportamentos problemáticos tanto em termos de frequência quanto de intensidade[5].

Atenção: reduzir não significa eliminar.

O objetivo do professor e da professora não é transformar o aluno com TOD em um estudante adequado e remissivo, assim como não é levar a bom termo um "tratamento psicoterapêutico" centrado no transtorno. Essa também é uma crença perigosa que pode causar muitos danos.

O objetivo do trabalho do professor será, antes, compreender como a criança ou o adolescente "funciona" em sala de aula, para criar *contextos formativos adequados* e estruturar *interações educativas corretas*, a fim de promover, fazer emergir e avaliar também nele, assim como em todos os outros estudantes, aquelas competências que a escola visa a desenvolver em todos os alunos e as alunas.

A escolha das estratégias de intervenção não poderá ignorar a identificação dos objetivos formativos considerados prioritários na presença do transtorno. Sempre referindo-nos aos conhecimentos sobre os sintomas do TOD, podemos levantar a hipótese da necessidade de trabalhar para promover particularmente as competências descritas na tabela abaixo.

---

5. Para um aprofundamento, cf. VIO, C.; TOSO, C.; SPAGNOLETTI, M.S. *L'intervento psicoeducativo nei disturbi dello sviluppo*. Roma: Carocci Faber, 2015.

Para alcançar esses objetivos, o professor não é chamado a trabalhar o temperamento do aluno, as modalidades do funcionamento neurofisiológico ou as dinâmicas internas à família. Em vez disso, é solicitado a intervir modificando seu próprio *estilo relacional*, seu próprio *modo de agir e reagir às provocações*, as *modalidades para fazer pedidos* à criança ou ao adolescente, os *reforços* fornecidos, assim como a *atribuição das atividades* propostas em sala de aula ao indivíduo ou ao grupo.

É desnecessário dizer que, ao pensar em como gerir estrategicamente as situações difíceis ligadas ao TOD, professor e professora também devem prever modalidades para evitar que tais situações se repitam com igual intensidade e frequência, refletindo sobre como tornar o aluno ou a aluna mais competente e reduzir gradualmente a expressão dos comportamentos problemáticos.

1. Competências sociais e cívicas	Tem cuidado e respeito por si mesmo e pelos outros como pressuposto de um estilo de vida saudável e correto. Está consciente da necessidade do respeito a uma convivência civil, pacífica e solidária. Empenha-se para concluir o trabalho iniciado, sozinho ou junto com outros.
2. Espírito de iniciativa e empreendedorismo	Tem espírito de iniciativa e é capaz de produzir ideias e projetos criativos. Assume as próprias responsabilidades, pede ajuda quando se encontra com dificuldade e sabe oferecer ajuda a quem a pede. Está disposto a analisar a si mesmo e a se defrontar com as novidades e os imprevistos.
3. Consciência e expressão cultural	Reconhece e aprecia as diversas identidades, as tradições culturais e religiosas, em uma ótica de diálogo e de respeito recíproco.

A gestão formativa das situações difíceis

Quais são as situações "difíceis" que professores e professoras podem vivenciar na sala de aula devido à presença no grupo de um ou mais alunos ou alunas com comportamentos de oposição? Obviamente, tudo depende do significado que damos ao termo "difícil".

Pessoalmente, considero uma situação difícil aquela que produz um alto nível de estresse negativo e, ao mesmo tempo, baixa os limites de tolerância em relação às fragilidades dos alunos e das alunas.

A consequência é que, quando provocado, reajo como não gostaria, com modalidades que eu mesmo considero pouco eficazes e não resolutivas.

Se tivesse que fazer uma lista das situações mais estressantes, eu as ordenaria de acordo com os seguintes critérios.

1. *Comportamentos de oposição verbal.* Os mais frequentes e incomodativos. Enquadram-se nesse âmbito: interromper quando se está falando, responder com uma linguagem pouco respeitosa, fazer perguntas intencionalmente provocadoras que não têm nada a ver com o que está sendo explicado.

2. *Comportamentos de oposição não verbal.* Bastante frequentes e incomodativos. Enquadram-se nesse âmbito: levantar-se sem pedir permissão, vagar pela sala perturbando a aula, sentar-se em um local diferente do seu, sem respeitar a disposição combinada e, consequentemente, criando desconforto para todos os outros colegas, assim como para o professor ou a professora.

3 *Comportamentos de oposição paraverbal.* Medianamente frequentes e bastante incomodativos. Enquadram-se nesse âmbito: fazer sons imitando máquinas e animais, fazer barulhos com várias partes do corpo, "grunhir" ou bufar para comunicar o próprio humor ao professor ou à professora.

4 *Comportamentos de oposição "física".* Felizmente pouco frequentes, mas extremamente incomodativos. Enquadram-se nesse âmbito: pôr as mãos sobre os colegas mais fracos, caçoando deles, jogar objetos para zombar, apropriar-se das coisas alheias em tom de despeito.

Quando comportamentos como os descritos acima se manifestam em sala de aula, a situação pode ser realmente complexa de gerir[6]. No entanto, o nível de estresse corre o risco de ser diretamente proporcional ao nível de intolerância que cada um de nós demonstra em relação a essas condutas. Acredito que não é o estresse em si que deve nos preocupar: depois de anos de ensino, entendi que, mais cedo ou mais tarde, todo professor chegará a desenvolver uma boa capacidade de tolerância e de gestão dessas situações.

O que deveria nos alarmar, em vez disso, é a sensação de que o comportamento de oposição está associado a algumas

---

6. Diversas pesquisas (incluindo DI PIETRO, M.; RAMPAZZO, L. *Lo stress dell'insegnante.* Trento: Erickson, 1997. • ROSSATO, A.; MAGRI, G. *Stress e burnout.* Milão: Carocci, 1999) citam a relação com estudantes desmotivados e/ou opositores como uma das principais causas de desconforto relatadas por professores vítimas de *burnout.* F. Jones (*Positive Classroom Discipline.* Nova York: McGraw-Hill, 1987) traça a seguinte classificação das condutas que provocariam tensão nos professores: falar sem permissão, não ouvir o professor enquanto explica, levantar-se sem permissão, incomodar um colega, pensar em outra coisa durante a aula.

condições particulares que tendem a baixar os nossos limites de tolerância em relação ao aluno ou à aluna, transformando uma situação complexa em uma situação difícil.

Pessoalmente, o que baixa os meus limites de tolerância são algumas circunstâncias particulares em que as provocações do aluno ou da aluna parecem se amplificar exponencialmente. Isso ocorre:

- quando o comportamento de oposição é praticado *sempre pela mesma pessoa* e seguindo um roteiro já conhecido, de forma que, desde o início, com ou sem razão, eu consigo prefigurar quais poderão ser os resultados finais;
- quando eu já tive que intervir *várias vezes durante o dia* para enfrentar esse tipo de comportamento e, apesar de ter resolvido o problema temporariamente, o aluno ou a aluna tende a repeti-lo de forma imperturbável depois de muito pouco tempo, como se nada tivesse acontecido;
- quando a provocação é feita de forma a ressoar como *extremamente pessoal*, com a intenção de me menosprezar diante da classe;
- quando eu não consigo *frear o pensamento* "agora *chega*, isto tem que acabar aqui e já!"

Em casos como esses, o estresse supera o meu nível máximo de suportabilidade; e, paralelamente, o meu limite de tolerância cai drasticamente, levando-me a perder o equilíbrio indispensável para implementar uma intervenção não apenas corretiva, mas também formativa.

A experiência me leva a dizer que, na relação com alunos e alunas com comportamentos de oposição e provocação, não importa apenas "recuperar a ordem e a disciplina", mas sobretudo o modo como esse resultado é alcançado.

Não basta governar as situações difíceis se nos limitarmos a conter alguns comportamentos sem pensar no aluno, sem pensar em instrumentos e estratégias para ajudá-lo a manter sob controle as manifestações de suas dificuldades comportamentais. Um professor ou uma professora que se limitasse a controlar a situação contingente, excluindo qualquer planejamento orientado ao futuro, certamente não teria cumprido sua tarefa.

A gestão do momento difícil certamente visa a interromper uma situação incômoda, mas também a criar as condições adequadas para promover competências no aluno.

A solução, portanto, não pode ser lida como definitiva; ou seja, destinada exclusivamente a suprimir comportamentos inadequados, mas deverá ser pensada, antes, como capaz de dar origem a comportamentos diferentes dos de oposição.

> **O fim da gestão das situações difíceis continua sendo o crescimento do aluno.**

Por meio da utilização de instrumentos e estratégias de gestão eficazes, as situações difíceis podem se tornar uma oportunidade formativa tanto para o professor quanto para o estudante. Assim, para ambos os sujeitos, será possível aprender com as situações difíceis: é isso que entendemos por "gestão formativa", uma espécie de *training on the job*, de formação *in loco*, que permite que o docente se valha das indicações operacionais que encontrará neste guia. O aluno poderá se apoiar no próprio professor para experimentar modalidades alternativas e mais eficazes para controlar os próprios comportamentos de oposição e provocação com suas consequências relacionais.

Ora, é claro que a percepção e a gestão das situações difíceis na presença de alunos e alunas com TOD são fortemente influenciadas:

- pelo *conhecimento* do transtorno;
- pelas *crenças* de vocês e pelo modo como vocês saberão ou não mantê-las sob controle;
- pelos *objetivos* que vocês estabelecerem em relação ao aluno ou à aluna.

Podemos, então, começar a pensar nas estratégias de intervenção.

Quando e como intervir em sala de aula

As fases do comportamento de oposição

Na presença de alunos e alunas opositores, professores e professoras devem escolher criteriosamente não só "como" intervir, mas também e sobretudo "quando". Algumas estratégias farão sentido se forem implementadas antes do comportamento de oposição; outras durante, e outras ainda quando o comportamento terminar ou, até, quando o aluno ou a aluna parece ter voltado a um estado de maior colaboração.

Durante os inúmeros cursos formativos que eu oriento, professores e professoras tendem a pedir instrumentos quase exclusivamente focados na gestão da fase mais aguda do comportamento desafiador, esquecendo que, muitas vezes, a oposição não "estoura" de repente e sem uma razão, mas nasce dentro de um contexto e, portanto, na presença de *antecedentes e ativadores específicos*, com um "ciclo de vida" específico.

Qualquer comportamento de oposição, conforme representado no esquema a seguir, desenvolve-se passando por pelo menos sete fases.

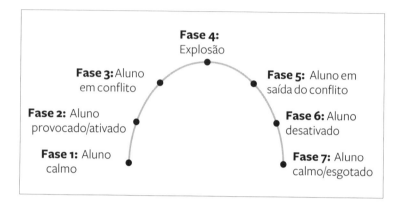

- **Fase 1.** *O aluno está calmo*, não manifesta nenhum tipo de atitude ou comportamento desafiador ou de oposição. Se não for provocado consciente ou inconscientemente, sua conduta não difere da de seus colegas da turma.
- **Fase 2.** *O aluno é provocado e ativado* voluntária ou involuntariamente por alguém ou por algo que poderia ser absolutamente de pouca importância ou até insignificante para os outros estudantes. Nessa fase, sua conduta começa a se diferenciar da de seus colegas, justamente pelo fato de perceber como um desafio, uma instigação ou uma provocação aqueles estímulos geralmente considerados neutros e sem risco: um pedido particular, um certo tom de voz ou simplesmente o olhar de um colega ou de um adulto.
- **Fase 3.** *O aluno entra em conflito* com quem considera ser "o instigador", o adulto que fez um pedido ou o colega que usou uma determinada expressão facial. Começa a

escalada que, se malgerida, levará à fase de crise, isto é, ao comportamento de oposição propriamente dito.

- **Fase 4.** O aluno, tendo entrado na fase de crise, *põe em prática um comportamento de oposição* que se manifesta através de uma explosão de raiva, brigando, desafiando, irritando deliberadamente os outros com palavras ofensivas ou condutas vingativas e rancorosas. Nessa fase, o objetivo do aluno é provocar no outro um dano emocional e/ou físico.

- **Fase 5.** *O aluno está saindo da fase de crise* e está "esfriando". Começa a "desescalada", mas, se esse processo de atenuação gradual não for gerido corretamente – por exemplo, se o professor voltar a provocar o aluno de forma mais ou menos intencional –, ainda existe um forte risco de retornar à fase anterior de crise/oposição.

- **Fase 6.** *O aluno se encaminha para a resolução do conflito* real ou percebido: pode elaborar os pedidos que lhe são dirigidos e as informações que lhe são transmitidas. Pode-se dizer que está ficando novamente mais calmo e mais racional. Os reforços positivos podem desempenhar um papel fundamental nessa fase.

- **Fase 7.** *O aluno voltou a ficar calmo e razoável*, mas pode ser muito provado pelo episódio de crise de oposição e pelo modo como foi gerido pelo ambiente ao seu redor. Não é o momento de dar sermões, mas de apoiar e tranquilizar. É preciso lembrar sempre que um aluno exausto após uma "cena", uma crise de oposição, *continua sendo um aluno em risco de explosão*, pois ainda não possui a energia suficiente para implementar as estratégias e as competências aprendidas para gerir adequadamente os "elementos ativadores"; isto é, as situações percebidas como provocadoras e potencialmente capazes de desencadear outra explosão.

É fundamental que professores e professoras se lembrem sempre de como se desenvolve um comportamento de oposição e tentem identificar o mais claramente possível em qual fase devem intervir. Só assim será possível identificar a estratégia mais eficaz e estabelecer uma gestão formativa correta.

Ao elencar as principais estratégias neste guia, seguiremos uma ordem ligada justamente ao *ciclo de vida das crises de oposição*. Partiremos, portanto, das estratégias para as fases que precedem a manifestação de um comportamento de oposição, seguidas daquelas úteis para a gestão dos momentos de crise propriamente ditas; por fim, concluiremos com as modalidades que se revelaram particularmente eficazes depois que a crise comportamental se manifestou com toda a sua veemência.

Gerir a fase da ativação: trabalhar sobre os antecedentes

A primeira estratégia de intervenção ou, melhor, a estratégia que eu defino como número 0, é a da análise dos antecedentes. Quase todos os textos sobre gestão de crianças e adolescentes com comportamentos problemáticos aconselham a fazer uma verdadeira *avaliação funcional*. Essa metodologia, embora extremamente útil, requer uma certa competência e, portanto, a supervisão de um especialista. Existem estudos importantes que confirmam que é possível, mesmo com treinamentos curtos (até mesmo de apenas duas horas de formação), preparar pessoal não especializado para a implementação dos procedimentos de avaliação, limitando-se a um estudo de caso específico (CARRADORI; SANGIORGI, 2017).

Mas nem sempre é profícuo pedir a professores e professoras que a apliquem sem tê-los orientado e treinado em nível experimental. Em vez disso, é útil recomendar que os episódios de oposição mais significativos sejam registrados por escrito. Descrever os comportamentos de forma sintética pode ajudar o professor ou a professora a distinguir as várias fases do ciclo de vida da conduta de oposição e facilitará a identificação de eventuais situações antecedentes que tendam a ativar o aluno ou a aluna. Para facilitar esse trabalho é importante que, durante a descrição, o professor ou a professora:

1. tenha diante dos olhos o esquema apresentado nas páginas anteriores;

2. lembre-se de focar a atenção não apenas no comportamento, mas também nos antecedentes e, portanto, naquilo que precedeu o comportamento, e nas consequências; isto é, naquilo que aconteceu logo após a crise;

3. aprenda a narrar de forma operacional; ou seja, sem avaliações, interpretações ou julgamentos, de modo a facilitar a identificação de algo real e objetivo para poder intervir.

O objetivo é compreender se existem elementos recorrentes e reconhecíveis que ativam o aluno, tornando-o opositor e, posteriormente, avaliar se esses elementos podem ser removidos ou atenuados graças à intervenção do professor. Lembremos que, pela natureza particular dessa dificuldade de comportamento, crianças e adolescentes podem se sentir provocados pelos adultos em primeiro lugar. Não importa quão real ou intencional seja a provocação em si mesma: o que importa é a percepção do estudante e sua consequente reação.

Mesmo que essas descrições não sejam realmente avaliações propriamente ditas, ainda assim pode ser útil usar a tabela para a análise funcional descritiva de acordo com o modelo A-B-C[7].

O modelo A-B-C aqui considerado refere-se ao primeiro behaviorismo, que identifica em A o *antecedente*, ou seja, aquilo que provoca, cria a ocasião ou simplesmente facilita a emissão de um certo comportamento; em B (*Behaviour*) o próprio *comportamento*, e em C a *consequência*, isto é, aquilo que se segue ao comportamento e que influencia a probabilidade de que B se repita no futuro. Ao modificar os antecedentes pode-se modificar os comportamentos, assim como, ao modificar as consequências, pode-se agir sobre a possibilidade de tais comportamentos se repetirem ou não. Posteriormente a esse modelo, definido como de primeira geração, foi proposto um modelo de segunda geração, em que A ainda representa o *antecedente*, mas B torna-se a *crença* (*Belief*), e C, a *consequência emocional* da própria crença. Trata-se de uma leitura mais rica e complexa.

Nas páginas seguintes, relatamos o exemplo do modelo A-B-C com o estudante André.

---

7. Para um aprofundamento, cf. as notas de autoria de F. Celi em FOXX, R. *Tecniche base del metodo comportamentale*. Trento: Erickson, 2021.

André

	ANTECEDENTE (A)	COMPORTAMENTO (B)	CONSEQUÊNCIAS (C)
A	O professor entra na sala.	André está circulando pela sala.	O professor pede que os alunos se sentem em seus lugares.
B	O professor pede que os alunos se sentem em seus lugares.	André se senta no lugar de um colega.	O professor diz a André: "Deixe disso e vá já para o seu lugar!"
C	O professor diz a André: "Deixe disso e vá já para o seu lugar!"	André diz: "Eu faço o que eu quero. Além disso, este é o meu lugar!"	O professor pergunta aos colegas da turma se aquele é realmente o lugar de André.
D	O professor pergunta aos colegas da turma se aquele é realmente o lugar de André.	André olha para os colegas.	Os colegas dizem ao professor que aquele NÃO é o lugar de André, mas sim o de um colega ausente.
E	Os colegas dizem ao professor que aquele NÃO é o lugar de André, mas sim o de um colega ausente.	André diz aos colegas: "Vão cuidar da vida de vocês!"	O professor, levantando a voz, diz a André: "Não me faça perder mais tempo. Vá já para o seu lugar!"
F	O professor, levantando a voz, diz a André: "Não me faça perder tempo. Vá já para o seu lugar!"	André grita: "Vocês só ficam em cima de mim!"	O professor interrompe André, dizendo-lhe: "Você sempre acha que é a vítima. Vá para o seu lugar!"

Continua >>

>> Continuação

	ANTECEDENTE (A)	COMPORTAMENTO (B)	CONSEQUÊNCIAS (C)
G	O professor interrompe André, dizendo-lhe: "Você sempre acha que é a vítima. Vá para o seu lugar!"	André se levanta e vai para o seu lugar, batendo com força o livro sobre a mesa.	O professor diz a André que não deve fazer assim.
H	O professor diz a André que não deve fazer assim.	André interrompe o professor, dizendo: "Qual é que é? Eu estou no meu lugar!" O tom de voz aumenta.	O professor, por sua vez, levanta a voz e afirma a André que o modo como ele está se comportando não é correto. "Se você não sabe ficar na sala de aula, pode sair!"
I	O professor, por sua vez, levanta a voz e afirma a André que o modo como ele está se comportando não é correto. "Se você não sabe ficar na sala de aula, pode sair!"	André diz: "Tudo bem, chega, *profe*. Mas olhe para os outros também, não só para mim!" O tom de voz aumenta.	O professor rebate que ele olha para quem quiser, porque é o professor.
J	O professor rebate que ele olha para quem quiser, porque é o professor.	André, de rosto vermelho, grita: "Chega!"	O professor explode em voz alta: "Quem diz 'chega' aqui sou eu!"
K	O professor explode em voz alta: "Quem diz 'chega' aqui sou eu!"	André sai da sala sem permissão.	O professor vai atrás dele pelos corredores, pedindo-lhe com insistência para que retorne.

Nesse caso, é possível identificar as primeiras quatro fases do ciclo de vida de um comportamento de oposição: Fase 1 (de A para B), Fase 2 (de C para D), Fase 3 (de E para F), Fase 4 (de G para K). Além disso, ficam claros alguns antecedentes sobre os quais o professor poderia agir, especialmente na Fase 2, para evitar provocar ou ativar André ainda mais.

Essas são apenas algumas das intervenções hipotéticas para tentar evitar a fase de crise. Além disso, o foco nos antecedentes também é fundamental para a utilização de todos os outros métodos de intervenção propostos a seguir, a partir da escolha de modalidades estratégicas para fazer os nossos pedidos.

Comunicar de maneira estratégica

Há muitas ações que podemos fazer para evitar que um aluno ou uma aluna com dificuldade de comportamento exploda e se torne irremediavelmente opositor. Entre elas, a capacidade de escolher modalidades comunicativas que não ativem o sujeito, aumentando o risco de que ele passe de uma fase para a próxima.

Os estudantes opositores, como a maioria das pessoas, não gostam de ser controlados, desafiados ou ameaçados, mas isso não significa que não apreciem aquelas pessoas que têm a capacidade de guiá-los com firmeza e gentileza. Gosto dessa combinação de termos e acho-a extremamente profissional: gentil e firme, cortês e decidido, respeitoso e seguro.

No episódio descrito na tabela A-B-C, o antecedente C poderia ser definido como um ativador: o professor se dirige a André de forma decisiva, mas talvez não completamente cortês. O que vocês pensariam se seu diretor se dirigisse a vocês dessa maneira? Provavelmente, vocês se sentiriam desconfortáveis. Alguns poderiam até reagir de uma forma semelhante à de André.

Tentemos modificar o pedido para que seja firme, mas ao mesmo tempo respeitoso. Em vez de dizer: "Pare com isso e vá já para o seu lugar!", o professor poderia usar uma frase do tipo: "André, levante-se e vá para o seu lugar, por favor".

Talvez, alguns de vocês estejam pensando que esse tipo de pedido não levaria a nada, especialmente com alguém como André. Isso se deve ao efeito das nossas crenças, que também poderíamos definir como *preconceitos*. Na realidade, existem muitos estudos sobre o funcionamento das crianças e dos adolescentes com TOD[8] que mostram que é muito mais fácil obter colaboração com um pedido feito de maneira direta, clara e com um tom *businesslike*.

O tom *businesslike* é aquele tom que poderíamos definir como "emocionalmente neutro", semelhante ao utilizado por um homem ou uma mulher de negócios que, ao responder a uma proposta econômica, não deve deixar que o interlocutor perceba que aquela proposta o impressionou positivamente, para evitar que o valor seja revisto. O professor capaz de utilizar um tom *businesslike* pedirá que André se sente em seu lugar, sem fazer vir à tona o aborrecimento de tê-lo encontrado pela enésima vez sentado na cadeira de outra pessoa. Não é fácil, mas pode ser realmente eficaz para reduzir o risco de ativação.

---

8. Cf., a esse respeito, o aparato teórico que justifica o programa de intervenção Coping Power, idealizado por John Lochman, e voltado à potencialização das competências em sujeitos com transtornos do comportamento (LOCHMAN, J.E.; WELLS, K.; LENHART, L. *Coping Power*. Erickson: Trento, 2012) e as pesquisas sobre a eficácias das intervenções psicoeducativas citadas por R. Barkley em BARKLEY, R.; BENTON, C.M. *Mio figlio è impossibile*. Trento: Erickson, 2016.

Outros conselhos válidos para se comunicar com os alunos e as alunas com TOD são:

- NÃO *transmitir a ideia de querer dominar a pessoa*, mas sim de querer manter *a situação* sob controle. O antecedente F: "Você (André) não me faça perder mais tempo" poderia ser substituído por: "Não tenho tempo" ou "Não temos tempo", seguido de "Vá para o seu lugar";

- NÃO *dar sermões*, mas limitar-se a *fazer o pedido de maneira objetiva*, clara e concisa. O antecedente G: "Você sempre acha que é a vítima. Vá para o seu lugar!" poderia ser substituído por um simples: "Vá para o seu lugar", talvez acompanhado de um: "Obrigado, André";

- NÃO *ameace*, mas, ao contrário, faça com que o aluno sinta que pode exercer pelo menos parte de seu poder, por exemplo, podendo *escolher* entre uma ou mais alternativas propostas pelo professor. O antecedente F modificado "Não temos tempo" poderia ser seguido por: "Você quer ir para o seu lugar ou vir aqui na frente para me ajudar a apresentar a aula?" ou: "Você quer ir se sentar ou me ajudar a recolher as tarefas?"

A ideia básica, portanto, é não tentar gerir um comportamento de oposição tornando-nos nós mesmos *provocadores*. Quando o aluno se encontrar na Fase 2, será fundamental lembrar-se de que se trata de uma "bomba de pavio curto", evitando o surgimento de qualquer faísca acidental que possa acender o pavio. Lembrem-se sempre de que, quando se passar da Fase 2 para a Fase 3, será difícil voltar atrás e, provavelmente, se chegará inevitavelmente à explosão. Se, por outro lado, já nos encontramos na Fase 4, e o menino já explodiu, nada pior do que jogar mais lenha na fogueira. Em todo o caso, e em todas as fases, se o adulto assumir uma atitude de oposição, certamente não ajudará a neutralizar a situação. Além disso, o professor deve treinar para manter a calma o máximo possível e também para se apresentar como um modelo positivo de gestão das situações mais estressantes.

Lembrar-se de dar o bom exemplo: o uso da modelagem

Já vimos que relacionar-se com um aluno ou uma aluna com dificuldade de comportamento pode ser uma tarefa muito fatigante. Por isso devemos evitar tanto o risco de reagir de maneira negativa a algumas provocações quanto de nos apresentarmos ao aluno ou à aluna como um *modelo disfuncional*; ou seja, como alguém com quem eles possam aprender a explodir e que não é capaz de controlar seus próprios impulsos pulsionais.

Mesmo que aparentemente não demonstrem, essas crianças e adolescentes são facilmente influenciáveis pelas pessoas adultas que os cercam, e, por esse motivo, uma estratégia de intervenção muito eficaz para modificar algumas de suas reações é justamente a da modelagem: a aprendizagem por imitação.

Quando o aluno se encontra na Fase 1 e, portanto, não está "ativado" ou "provocado", pode ser útil prever um programa específico para modelar seu comportamento, mostrando-lhe modalidades alternativas para gerir situações estressantes, eletrizantes e de risco. Existem inúmeros percursos estruturados *ad hoc*, entre os quais o já citado *Coping Power Program*, que propõe adaptações interessantes para o contexto escolar[9]. Quando o estudante já se encontra na Fase 2 ou 3, pode ser útil ativar estratégias para modelar seu comportamento, mostrando-lhe métodos alternativos para a gestão da raiva e do conflito. O professor não deverá ceder ao instinto de reagir de modo impulsivo às provocações, mas sim programar sua intervenção com o objetivo específico de ativar o processo de modelagem.

Retomando o episódio de André, podemos identificar algumas consequências – que depois se tornaram *antecedentes* em relação às passagens subsequentes e, portanto, elementos ativadores – que desempenharam o papel de modelos comportamentais "negativos".

O comportamento de André descrito na linha E, "André diz aos colegas: 'Vão cuidar da vida de vocês!'", tem como consequência uma resposta imediata por parte do professor. *O professor, levantando a voz*, diz a André que não lhe faça perder mais tempo e o convida a ir imediatamente para o seu lugar. Talvez não seja por acaso que essa consequência, levantar a voz, no momento em que se torna um antecedente e se desloca para a linha F posterior, é seguida por: "*André grita*: 'Vocês só ficam em cima de mim!'"

Encontramos, algumas linhas abaixo, um mecanismo semelhante. O antecedente G: "*O professor interrompe André*, dizendo-lhe: 'Você sempre acha que é a vítima. Vá para o seu lugar!'", é seguido pelo rapaz que se levanta e vai ocupar o seu lugar,

---

9. Na Itália, o programa CP Scuola desenvolveu-se por meio de três modelos de intervenção dirigidos respectivamente à Educação Infantil, ao Ensino Fundamental e ao Ensino Médio. Os protocolos estão descritos em GIULI et al.: *Coping power nella scuola dell'infanzia*; *Coping Power nella scuola primaria*; *Coping Power nella scuola secondaria*, citados nas Referências.

apesar de, antes, bater seus livros sobre a mesa. Nesse ponto, como consequência, o professor chama André de volta, indicando-lhe que esse não é o modo correto de se fazer. Quando essa expressão de consequência se torna antecedente, como podemos ver na linha H, ela é seguida por um comportamento de André que já vimos alguém fazer: *"André interrompe o professor*, dizendo: 'Mas qual é que é? Eu estou no meu lugar!' O tom de voz aumenta".

Não queremos de modo algum julgar as modalidades de intervenção do professor, pois não é fácil gerir situações tão desgastantes. No entanto, uma vez que este texto visa a partilhar estratégias de intervenção mais incisivas e eficazes, queremos sugerir respostas alternativas que levem em consideração o sucesso dos processos de modelagem positiva.

Ao gerir possíveis situações de confronto/conflito com alunos com TOD, é sempre bom lembrar-se de:

- manter a calma, esforçando-se para não interpretar as provocações como afrontas pessoais às quais se deve necessariamente responder para defender a própria credibilidade como adultos e professores;
- nunca levantar a voz, tentando não vivenciar os ataques verbais como um desafio ao qual se deve responder na mesma moeda;
- controlar as próprias expressões faciais para evitar assumir expressões agressivas das quais não estamos conscientes;
- propor ao aluno estratégias de resolução de problemas que transmitam a ideia de que uma situação crítica pode ser resolvida sem que uma das duas partes seja dominada pela outra, saindo da dicotomia "eu ganho – você perde".

Promover o senso de pertença

Um dos principais erros que podem ocorrer na tentativa de gerir os alunos e as alunas com TOD é implementar estratégias excludentes; ou seja, voltadas à exclusão e/ou ao afastamento do estudante.

Nem sempre é necessário separar a criança ou o adolescente com TOD do restante da turma.

Não só isso, mas, em muitos casos, essa escolha pode até ser *contraproducente* e servir de ativador da própria crise. Nas Fases 2 e 3, quando a escalada está começando, a turma pode representar um recurso para ajudar o professor ou a professora a conter alguns comportamentos provocadores e evitar passar para a fase posterior. O nível de periculosidade objetiva dos gestos de desafio implementados pelo estudante obviamente sempre deve ser avaliado com extrema atenção. No caso descrito, o professor decide criar imediatamente uma clara separação entre André e seus colegas: os antecedentes D e E – isto é, perguntar aos colegas se o lugar onde ele está sentado é o seu lugar habitual – representam, embora implicitamente, uma primeira mensagem que comunica uma clara separação entre André e o restante da turma. O antecedente I, convidar André a se afastar da sala de aula, reforça o mesmo tipo de comunicação.

Inúmeros estudos[10] sugerem intervir de maneira preventiva, de modo a criar condições que reduzam a possibilidade de que essas crianças e adolescentes cheguem a explodir, promovendo

---

10. Cf., p. ex., os estudos e as pesquisas de Adler e de Dreikurs, dos quais nasceu o filão da "disciplina positiva", bastante difundida na França e nos países latino-americanos. Algumas sugestões para aprofundamento estão relatadas nas Referências.

neles o senso de pertença a um grupo – neste caso, o grupo da sala de aula – e, portanto, em tendência absolutamente contrária em relação às modalidades ilustradas no nosso exemplo.

Algumas estratégias que serão retomadas no texto dizem respeito:

- à possibilidade de *construir as regras juntos*, ao invés de se sujeitar a elas. Crianças e adolescentes com TOD aceitam com muito mais disposição seguir um regulamento se puderem opinar sobre sua definição;
- à possibilidade de *trabalhar em pequenos grupos*, atribuindo-lhes um papel que os valorize, ao invés de serem sempre afastados ou de terem de trabalhar apenas com uma pessoa adulta. É mais fácil para esses alunos e alunas controlar as próprias dificuldades em um pequeno grupo de pares, talvez com colegas cujas qualidades e pontos fortes eles já tiveram a possibilidade de experimentar em ocasiões anteriores;
- à possibilidade de *receber outros* feedbacks *positivos*, sobretudo na Fase 1; ou seja, quando precisam de um reforço positivo também dos coetâneos, ao invés de se sentirem considerados como uma "bomba-relógio" a ser mantida afastada por ser potencialmente perigosa.

Trabalhar o senso de pertença significa reduzir ao máximo as estratégias de exclusão, oferecendo ao aluno ou à aluna com TOD, ao mesmo tempo, a possibilidade de permanecer em sala de aula e de se sentir "incluído", e aos colegas a enriquecedora possibilidade de aprender em um ambiente "inclusivo", embora, obviamente, nada possa garantir que uma criança ou um adolescente com TOD jamais explodirá.

Gerir a fase do conflito: o modelo ganha/ganha

A possibilidade de gerir eficazmente a fase do conflito está fortemente ligada ao modelo de relação aluno-professor que o docente tem em mente.

Se um aluno opositor encontra um professor dominado por crenças do tipo "nunca devo deixar meus alunos passarem por cima de mim", "eu sou o chefe, e todos devem obediência a mim", "nesta sala quem manda sou eu", então se verificará uma probabilidade muito elevada de passagem da Fase 3 para a Fase 4: a crise de comportamento.

> **O estilo autoritário não funciona com esses estudantes.**

Algumas pesquisas[11] relativas à influência do *parenting* sobre a expressão dos comportamentos de oposição têm evidenciado que uma modalidade educacional extremamente rigorosa e despótica por parte de mães, pais ou responsáveis representa um dos fatores de risco ao favorecer a manifestação do TOD em sujeitos já predispostos a desenvolver esse tipo de transtorno.

Além disso, esse estilo poderia ter como consequência uma clara diminuição da autoestima do estudante e um escasso desenvolvimento de suas habilidades sociais.

Considerem o episódio de Anna descrito nas páginas seguintes.

---

11. Graças à leitura do texto de F. Lambruschi e P. Muratori (*Psicopatologia e psicoterapia dei disturbi della condotta*, 2013) descobri uma interessante pesquisa de R. Nix de 1999 que ilustra justamente as consequências de uma atitude negativa baseada apenas no controle.

Anna

	ANTECEDENTE (A)	COMPORTAMENTO (B)	CONSEQUÊNCIAS (C)
A	A professora de Educação Física propõe uma atividade em grupo.	Anna se afasta e se põe de lado, espreguiçando-se em um banco.	O professor de apoio presente no ginásio se aproxima de Anna, dizendo-lhe: "Anna, é sempre a mesma coisa: quando fazemos uma atividade em grupo, você se afasta. Você não pode ficar aqui sozinha".
B	O professor de apoio presente no ginásio se aproxima de Anna, dizendo-lhe: "Anna, é sempre a mesma coisa: quando se faz uma atividade em grupo, você se afasta. Você não pode ficar aqui sozinha".	Anna se afasta ainda mais e se esconde atrás de uma parede para não ser vista.	O professor de apoio presente no ginásio chama Anna em voz alta, enquanto os colegas começam a jogar. Ele a informa que tem um minuto para se juntar ao grupo.
C	O professor de apoio presente no ginásio chama Anna em voz alta, enquanto os colegas começam a jogar. Ele a informa que tem um minuto para se juntar ao grupo.	Anna responde ao professor de apoio, de modo desrespeitoso: "Você nem me conhece, nem é o meu professor. O que você quer de mim?"	O professor de apoio responde a Anna: "Pior para você. Faça como quiser. Eu só queria lhe ajudar", e se afasta.
D	O professor de apoio responde a Anna: "Pior para você. Faça como quiser. Eu só queria lhe ajudar", e se afasta.	Anna responde: "Odeio jogar vôlei, eu não quero jogar!"	A professora de Educação Física levanta a voz para fazer com que Anna a escute: "Vou contar até três. Se você não entrar na quadra, irá para o vestiário se trocar, e não tem mais aula para você!"

E	A professora de Educação Física levanta a voz para fazer com que Anna a escute: "Vou contar até três. Se você não entrar na quadra, irá para o vestiário se trocar, e não tem mais aula para você!"	Anna responde à professora, dizendo: "*Profe*, não grite. Eu não quero jogar. Se é para jogar, eu não quero!"	A professora se aproxima de Anna e, sempre com um tom alto, rebate: "Não é você quem decide o que fazer ou deixar de fazer! Se você não está se sentindo bem, vá se trocar. Mas, se você não tem nada, participe da aula como todos os outros".
F	A professora se aproxima de Anna e, sempre com um tom alto, rebate: "Não é você quem decide o que fazer ou deixar de fazer! Se você não está se sentindo bem, vá se trocar. Mas, se você não tem nada, participe da aula como todos os outros".	Anna responde sem respirar e em um ritmo muito rápido: "Não, não vou participar. Você não vai me dizer o que eu tenho que fazer!"	A professora responde: "Mas é óbvio que eu digo o que você tem que fazer, porque eu sou a professora. E eu digo que você tem que participar da aula ou senão tem que sair do ginásio".
G	A professora responde: "Mas é óbvio que eu digo o que você tem que fazer, porque eu sou a professora. E eu digo que você tem que participar da aula ou senão tem que sair do ginásio".	Anna olha para a professora nos olhos e, falando de maneira ofegante, pergunta: "E se eu não sair? O que vai acontecer?"	A professora olha fixamente para Anna e diz: "Você realmente quer saber?!"
H	A professora olha fixamente para Anna e diz: "Você realmente quer saber?!"	Anna se volta e se afasta, dirigindo-se aos vestiários. Enquanto se afasta, xinga a professora em voz alta.	A professora grita: "Que isso nunca mais se repita! Isso não vai ficar assim, Anna!"

O que assistimos aqui? Poderíamos definir como uma luta de poder. Tecnicamente, trata-se de um modelo relacional do tipo *ganha/perde*[12]: *se eu ganho, você perde*. O objetivo dessa professora é controlar sua estudante, mas o resultado, ao invés disso, é uma perda total do controle da situação. Por quê? Simples: porque, se uma das duas partes em jogo quer controlar, isso significa que a outra deve necessariamente assumir o papel da contraparte que é controlada. Mas esse é um roteiro que quase ninguém gosta de interpretar, muito menos uma aluna com dificuldade de comportamento.

Querer se impor só desperta na estudante um sentimento de raiva, aumentando sua tendência de se opor.

Considerem também o fato de que a professor autoritária vive muitas vezes esse modelo relacional com grande convicção: "se eu ganho, você perde" tende a se tornar "eu devo ganhar para que você possa perder". Além de ser um pensamento realmente pouco funcional, repensando a estratégia da modelagem, certamente não é um exemplo compartilhável para transmitir à própria aluna.

Mas e o comportamento do professor de apoio? O modelo relacional adotado poderia ser definido como do tipo *perde/ganha*: *eu perco, para que você possa ganhar* (e não me incomodar mais).

Corre-se o risco de cair no *estilo permissivo*, igualmente pouco eficaz com a aluna opositora. É a atitude de alguns profes-

---

12. Esses modelos relacionais estão bem descritos em COVEY, S.R. *Os 7 hábitos das pessoas altamente eficazes*, 2017 (1. ed., 1989). O livro, considerado um *best-seller* mundial, não trata de educação, mas de liderança em contextos empresariais. Alguns conceitos relatados por Covey me levaram a refletir identificando alguns paralelismos entre o mundo do trabalho e o da escola. Esse é o motivo da utilização dessa terminologia, embora com as adaptações requeridas por um contexto diferente.

sores que tendem a ser tratados como iguais ou que se mostram extremamente laxistas, na ilusão de que isso basta para evitar o conflito. Mas a criança ou o adolescente com dificuldade de comportamento geralmente não tem dificuldade do ponto de vista cognitivo e, portanto, é perfeitamente capaz de manipular o adulto, se considerar que isso pode ser vantajoso.

Um bom professor deveria saber distinguir quando um estudante realmente está com dificuldade e quando, ao invés disso, adota habilmente algumas modalidades comportamentais: não é funcional justificar todos os comportamentos à luz de suas dificuldades. "Jogar a toalha sempre", especialmente quando nos encontramos na Fase 2, para evitar discussões longas e exigentes, permite apenas que nos afastemos *temporariamente* da possibilidade de um conflito. Sublinho o advérbio "temporariamente" porque, como lembra Stephen Covey (2017), teórico do modelo, na modalidade perde/ganha, quem aceita "perder", neste caso a pessoa adulta, ainda sente mau humor e ressentimento. O que vai pensar o professor de apoio que estava no ginásio? Será que se sentirá satisfeito com o modo como geriu a situação ou tenderá a pensar: "Pior para a menina... Talvez seja melhor que eu não chegue mais perto dela quando..."?

Entre o estilo adotado pela professora de Educação Física e o do professor de apoio, existe uma terceira possibilidade: trata-se de uma modalidade relacional que não prevê perdedores, e por isso é definida como ganha/ganha, ou seja, eu ganho/você ganha.

O estilo *ganha/ganha* é o mais eficaz para gerir a fase de conflito com a aluna opositora, porque dá a oportunidade a ambas as partes envolvidas de "trazer o resultado para casa". Chegar a essa solução nos permite ser percebidos como professores muito profissionais, capazes de gerir com tranquilidade e segurança até mesmo uma situação tão complexa. É o *estilo de autoridade* que todo professor gostaria de ver reconhecido a si mesmo.

O *primeiro passo* do professor é lembrar que, no modelo *ganha/ganha*, o mais importante é agir de modo que todos possam sair da situação "de cabeça erguida", sem "perder a cabeça". A pessoa adulta não é forte. O adulto é, acima de tudo, sábio. A professora sabe que não deve fazer a estudante explodir, mas sim ajudá-la a gerir um momento difícil.

O *segundo passo* é se assegurar de ter muita clareza sobre qual comportamento de oposição está se manifestando e por qual *comportamento colaborativo* gostaria de substituí-lo.

Tomemos o caso de Anna.

Qual é seu comportamento de oposição? Anna não quer participar da aula de Educação Física. Ela não quer jogar vôlei com as colegas.

Com qual comportamento colaborativo eu gostaria de substituir esse comportamento de oposição? Fazer Anna participar da aula de Educação Física.

O *terceiro e último passo* é gerir o conflito de maneira formativa, aproveitando o episódio para promover a *capacidade de negociação*, o que não significa ceder aos pedidos/chantagens do outro, mas sim promover e valorizar, sobretudo na presença de dificuldades de comportamento, a possibilidade de ativar respostas comportamentais novas e preferíveis.

A fase de conflito, aquela em que o aluno ainda mantém a capacidade de processar informações e ainda não "explodiu", é a fase ideal para negociar. De que modo?

O estilo de autoridade se encaixa perfeitamente com o *método de negociação por princípios ou sobre o mérito*[13], que nos lembra de:

- *separar* a pessoa do problema;
- *concentrar-se* nos objetivos que se deseja alcançar, e não na defesa das próprias posições;
- *analisar* diversas possibilidades de escolha antes de decidir como agir;
- *elaborar* uma escolha com base em critérios objetivos e compartilhados por ambas as partes.

Por enquanto, vamos nos limitar a reler o caso de Anna e a tentar imaginar como o episódio poderia ter se desdobrado se:

- como consequência do afastamento inicial de Anna (Comportamento da linha A), a professora *não* tivesse usado a frase: "Anna, é sempre a mesma coisa: quando fazemos uma atividade em grupo, você se afasta. Você não pode ficar aqui sozinha", mas uma frase como: "A professora sempre deve poder ver todos os seus alunos. Infelizmente, este não é um lugar onde você pode ficar";
- como consequência da recusa categórica de Anna em participar ativamente do jogo (Comportamentos das linhas D e E), a professora não tivesse oposto o rígido "ou-ou", "ou você entra e joga, ou sai do ginásio", mas tivesse se concentrado no objetivo de envolver Anna na aula, tentando negociar com ela alguma forma de participação que a menina julgasse aceitável. Por exemplo, propondo que ela se aproximasse e lhe ajudasse a apitar o jogo, a marcar os pontos ou talvez simplesmente a torcer pelas colegas;

---

13. Esse método é descrito em FISHER, R.; URY, W.; PATTON, B. *Como chegar ao sim: como negociar acordos sem fazer concessões.* Rio de Janeiro, 2018. O livro é um clássico entre os manuais que tratam de mediação e gestão de conflitos.

⦿ como consequência das provocações de Anna expressadas com as frases "Você não pode me dizer o que fazer" e "E se eu não sair? O que vai acontecer?" (Comportamentos das linhas F e G), a professora *não* tivesse respondido aceitando o desafio, mas aproveitando a oportunidade para iniciar um processo de negociação, talvez fazendo-lhe uma pergunta do tipo: "Tudo bem, já que você não gosta de jogar, o que você poderia fazer neste momento para contribuir com a atividade? Faça uma proposta, e eu me disponho a avaliá-la com você".

Não subestimemos as capacidades cognitivas das crianças e dos adolescentes com dificuldade de comportamento e não nos deixemos influenciar demasiadamente pelas nossas crenças, na convicção de que essas modalidades de intervenção nunca irão funcionar. A maioria delas pode surpreendê-los, especialmente quando vocês ainda não estiverem na Fase 4, a da crise conclamada. Obviamente, as coisas mudam quando a escalada alcança o seu ápice, e nesse ponto é necessário pôr em campo outras estratégias.

Gerir a fase da crise: inclusão e segurança

Durante essa fase, é importante se concentrar em uma coisa só: *manter a calma*. O adolescente que passa do conflito à crise tenderá a manifestar comportamentos que poderiam levar o professor a reagir impulsivamente em vez de agir de maneira profissional e estratégica.

É preciso sempre lembrar que uma reação instintiva do adulto durante a crise de oposição pode aumentar tanto a atitude desafiadora do aluno a ponto de pôr em risco a incolumidade física de ambos.

São frequentes os episódios como o de Lucas, descrito a seguir.

Lucas

	ANTECEDENTE (A)	COMPORTAMENTO (B)	CONSEQUÊNCIAS (C)
A	A professora pede a Lucas para tirar o boné quando está em sala de aula e o convida a pegar o material para começar os trabalhos.	Lucas bufa e comenta em voz baixa: "Que saco!"	A professora se dirige a Lucas, dizendo: "Você não está na sua casa. Tente utilizar uma linguagem mais adequada".
B	A professora se dirige a Lucas, dizendo: "Você não está na sua casa. Tente utilizar uma linguagem mais adequada".	Lucas abaixa os olhos e, levantando a voz, rebate: "Siiim, mamãezinha!"	A professora também levanta a voz e continua: "Não, acho que você não me entendeu. Você não pode responder assim. Eu me cansei dessas suas atitudes!"
C	A professora também levanta a voz e continua: "Não, acho que você não me entendeu. Você não pode responder assim. Eu me cansei dessas suas atitudes!"	Lucas, sentado na primeira fila, levanta-se com um pulo, derrubando sua mesa a poucos centímetros da professora. Depois, dirige-se rapidamente para a porta.	A professora levanta a voz e diz: "Aonde você acha que vai? Volte aqui agora!"
D	A professora levanta a voz e diz: "Aonde você acha que vai? Volte aqui agora!"	Lucas dá um soco na porta da sala.	A professora explode: "Lucas! Você está louco?!"
E	A professora explode: "Lucas! Você está louco?!"	Lucas, dirigindo-se ao banheiro, também dá um soco na porta da sala ao lado.	A professora sai para o corredor e treme de raiva.

45

Quem viveu uma experiência semelhante a essa sabe muito bem como pode ser difícil "frear o trem". No entanto, o único modo para tentar conter a situação é justamente o de ficar o máximo possível *calmos* ou pelo menos parecer calmos, pois...

> **a calma, assim como o nervosismo, é contagiosa.**

O objetivo da professora é se controlar, não aceitar provocações para não pôr em risco a si mesma e aos alunos. Nessa fase é altamente desaconselhável "jogar lenha na fogueira": a situação tem de ser contida, e *não* agravada.

Diante de um aluno que se dirige a nós levantando a voz ou que tem uma reação repentina como jogar objetos, derrubar uma mesa ou uma cadeira (comportamentos desafiadores como os descritos nas linhas B e C), o conselho é parar e se colocar na seguinte "posição de segurança":

- de lado em relação ao adolescente;
- com os braços cruzados;
- com a mão tocando o rosto, para indicar que estamos pensando e refletindo sobre o que está acontecendo;
- com o olhar voltado para a sua direção, sem olhar fixamente em seus olhos.

A linguagem do nosso corpo não deve ser ameaçadora e não devemos dar a impressão de que nos deixamos envolver na crise, mas sim que ainda conseguimos controlar a situação, além de nós mesmos.

Todas as nossas ações devem visar a favorecer a passagem da fase de crise para a fase de desescalada. Para fazer isso é fundamental implementar estratégias de "não envolvimento", como:

- afastar-se fisicamente do aluno para não dar a impressão de "ter aceitado o desafio";
- controlar o próprio tom de voz;
- repetir sinteticamente os pedidos já feitos, sem usar uma linguagem agressiva ou julgadora;
- dar tempo ao adolescente para "esfriar", sem esperar um rápido retorno a si mesmo de forma insistente demais.

O silêncio também desempenha um papel importante.

Ficar em silêncio não significa que o comportamento do aluno seja completamente ignorado. Pelo contrário, uma professora capaz de acolher duas expressões como as utilizadas nas linhas A e B ("Que saco!" e "Siiim, mamãezinha!") sem fingir que não as ouviu, mas também sem reagir imediatamente, ficando em silêncio por alguns segundos antes de fazer uma intervenção, transmite a ideia de que domina a situação e de que não é vítima dos eventos. Há momentos em que a professora deve se lembrar de que, na sua frente, não está apenas o aluno com dificuldade de comportamento, mas também toda uma turma que observa, avalia sua capacidade de gestão da situação e busca justamente na professora um ponto firme, um modelo para se referir.

Não é por acaso que os colegas de Lucas, ao descreverem o ocorrido, usaram expressões do tipo: "Lucas fez a *profe* perder a cabeça!" ou: "A *profe* tremia de raiva, estava descontrolada!"

A pessoa adulta é chamada sobretudo a conter a situação, direcionando todos os seus esforços para sair rapidamente da crise. Portanto, é essencial que ela permaneça absolutamente lúcida e focada no objetivo, mantendo sua emotividade sob controle.

Se o aluno opositor apresenta o risco de se tornar perigoso para os outros, pode ser útil *convidá-lo com gentileza a se afas-*

tar da sala de aula por alguns minutos, mas sem nunca entrar em contato físico com ele, sem se impor ou levantar a voz. Se a sugestão não for acolhida e o risco para os outros continuar se mantendo elevado (p. ex., arremesso de objetos, utilização de objetos contundentes etc.), então a opção pode ser a de *afastar o restante dos colegas* e evacuar o ambiente para permitir que o adolescente se tranquilize.

Gerir a fase da saída do conflito: a desescalada

A *desescalada* também é chamada de *fase de resfriamento*.

Nesse estágio podem ser úteis todas aquelas estratégias que ajudem a criança ou o adolescente a sair lentamente do estado físico e emocional que caracteriza as fases anteriores.

Talvez vocês notaram que os episódios usados como exemplos para explicar as Fases 2, 3 e 4 descrevem crianças ou adolescentes particularmente "quentes":

- André, ao gritar "chega!", está "com o rosto vermelho";
- Anna responde à professora "sem respirar" e se dirige a ela "de maneira ofegante";
- Lucas "se levanta com um pulo", e quase podemos imaginá-lo quando ele "dá um soco na porta".

Como suavizar essas reações?

É importante lembrar que estamos falando de intervenções *pós-crise*: trata-se, portanto, de ações implementadas para acalmar a criança ou o adolescente e evitar que ele "se esquente" de novo.

Do ponto de vista emocional, o que poderia ajudá-lo é *mudar de ambiente*, sair da sala e ir para outro lugar. Obviamente, o professor sempre terá que se certificar de que ele não fique sozinho.

Geralmente, a reação forte é seguida por uma fase de encerramento. Este não é o momento para dar sermões. É preciso dar ao estudante o tempo para se recuperar e reelaborar o que aconteceu. O adulto deve reconhecer essa necessidade sem esperar que tudo se resolva rapidamente.

Se, em vez disso, o adolescente deseja falar, mas persiste o risco de um retorno a atitudes de oposição, o conselho é *mudar de assunto*, *mudar de atividade* e, em alguns casos, até *mudar os atores* envolvidos. Se a presença de um professor "acende" excessivamente um aluno, pode ser útil afastar-se e confiá-lo a um colega, não com a intenção de delegar a sua gestão, mas de implementar uma intervenção educativa em equipe: "Como me dei conta de que o agente ativador neste momento sou eu, concordamos com a possibilidade de que você pode apoiar o adolescente em meu lugar".

Do ponto de vista físico é necessário ajudar a criança ou o adolescente a *recuperar* um nível adequado de *bem-estar*. Isso significa que, depois de verificar que podemos agir com segurança, poderíamos:

- abrir as janelas para fazer circular um pouco de ar;
- iluminar o ambiente;
- reduzir os barulhos que possam ser incômodos;
- criar espaço ao redor da criança ou do adolescente com dificuldade;
- dar-lhe a possibilidade de se mover, levantar-se, alongar-se;
- se necessário, convidá-lo a recuperar um ritmo de respiração mais regular;
- dar-lhe a possibilidade de beber ou comer alguma coisa.

Leiam como exemplo, nas próximas páginas, o que foi feito nos três casos descritos anteriormente.

André

	ANTECEDENTE (A)	COMPORTAMENTO (B)	CONSEQUÊNCIAS (C)
A	O professor explode em voz alta: "Quem diz 'chega' aqui sou eu!"	André sai da sala sem permissão.	O professor vai atrás dele pelos corredores, pedindo-lhe com insistência para que retorne.
B	O professor vai atrás dele pelos corredores, pedindo-lhe com insistência para que retorne.	André entra na sala dos professores. Não tem ninguém lá.	O professor vai atrás dele e diz a André: "Espere-me aqui. Vou pedir que o Prof. Rossi fique com a turma e volto já!"
C	O professor vai atrás dele e diz a André: "Espere-me aqui. Vou pedir que o Prof. Rossi fique com a turma e volto já!"	André se senta e espera em silêncio.	O professor volta, fecha a janela e pergunta a André: "Tudo bem?"
D	O professor volta, fecha a janela e pergunta a André: "Tudo bem?"	André responde: "Estou muito nervoso".	O professor diz: "Gostaria de ficar aqui por alguns minutos?"
E	O professor diz: "Gostaria de ficar aqui por alguns minutos?"	André responde: "Sim".	O professor consente, dizendo: "Ok, vamos ficar aqui juntos por alguns minutos e depois voltamos para a sala. Quando voltarmos, sente-se no seu lugar". Com tom emocionalmente neutro, acrescenta: "Vamos conversar sobre isso entre nós no recreio. Mas fique tranquilo".

Anna

	ANTECEDENTE (A)	COMPORTAMENTO (B)	CONSEQUÊNCIAS (C)
A	A professora olha fixamente para Anna e diz: "Você realmente quer saber?"	Anna se volta e se afasta, dirigindo-se aos vestiários. Enquanto se afasta, xinga a professora em voz alta.	A professora grita: "Que isso nunca mais se repita! Isso não vai ficar assim, Anna!"
B	A professora grita: "Que isso nunca mais se repita! Isso não vai ficar assim, Anna!"	Anna entra nos vestiários e começa a chorar.	Paula, a assistente pessoal de um colega de Anna, vai ao encontro da menina nos vestiários e lhe oferece um copo d'água.
C	Paula, a assistente pessoal de um colega de Anna, vai ao encontro da menina nos vestiários e lhe oferece um copo d'água.	Anna pega o copo, mas grita: "Não quero falar do que aconteceu!"	Paula responde: "Nossa, como estes vestiários são velhos. Você sabia que eu também vinha fazer ginástica aqui quando estava no Ensino Médio?"
D	Paula responde: "Nossa, como estes vestiários são velhos. Você sabia que eu também vinha fazer ginástica aqui quando estava no Ensino Médio?"	Anna bebe e escuta.	Paula continua, sem se aproximar de Anna: "As portas dos banheiros tinham a mesma cor verde-musgo. Eu me lembro que, uma vez, quebrei um vidro. Aí colocaram um painel de plástico. Vamos ver se já trocaram ou se ainda é de plástico?"

Continua >>

>> Continuação

	ANTECEDENTE (A)	COMPORTAMENTO (B)	CONSEQUÊNCIAS (C)
E	Paula continua, sem se aproximar de Anna: "As portas dos banheiros tinham a mesma cor verde-musgo. Eu me lembro que, uma vez, quebrei um vidro. Aí colocaram um painel de plástico. Vamos ver se já trocaram ou se ainda é de plástico?"	Anna olha na mesma direção de Paula e comenta com uma voz emocionalmente menos intensa: "Sim, este ginásio é nojento! Tem até cacos de vidro aqui!"	Paula responde: "Quando eu fazia ginástica, também tinha cheiro de chulé!"
F	Paula responde: "Quando eu fazia ginástica, também tinha cheiro de chulé!"	Anna ri: "Sim, como se não bastasse, tem isso também!"	Paula e Anna riem. Paula diz: "Bom, termine a sua água e vamos voltar. Lave o rosto, para que não vejam que você chorou. Se quiser, depois do almoço, você pode me encontrar aqui". Paula pisca um olho, em sinal de entendimento.

Lucas

	ANTECEDENTE (A)	COMPORTAMENTO (B)	CONSEQUÊNCIAS (C)
A	A professora explode: "Lucas! Você está louco?!"	Lucas, dirigindo-se ao banheiro, também dá um soco na porta da sala ao lado.	A professora sai para o corredor e treme de raiva.
B	A professora sai para o corredor e treme de raiva.	Lucas se dirige ao banheiro.	O professor de Matemática interrompe Lucas, antes que ele entre no banheiro, dizendo-lhe: "Oi, Lucas, parece que você está irritado. Quer ir comigo lá na academia? Assim mudamos de ambiente. O que você acha?"
C	O professor de Matemática interrompe Lucas, antes que ele entre no banheiro, dizendo-lhe: "Oi, Lucas, parece que você está irritado. Quer ir comigo lá na academia? Assim mudamos de ambiente. O que você acha?"	Lucas acompanha o professor, dizendo: "Eu quero é ir embora desta escola de m...!"	O professor de Matemática abre a porta da sala, escancara as janelas, liga as luzes e diz a Lucas: "Fique onde você quiser".
D	O professor de Matemática abre a porta da sala, escancara as janelas, liga as luzes e diz a Lucas: "Fique onde você quiser".	Lucas se deita em um colchonete.	O professor diz a Lucas: "Quando estou nervoso, eu tento respirar fundo. Isso me acalma". E mostra a Lucas como fazer.

Continua >>

>> Continuação

	ANTECEDENTE (A)	COMPORTAMENTO (B)	CONSEQUÊNCIAS (C)
E	O professor diz a Lucas: "Quando estou nervoso, eu tento respirar fundo. Isso me acalma". E mostra a Lucas como fazer.	Lucas inspira e respira fundo.	O professor pergunta: "O que aconteceu?"
F	O professor pergunta: "O que aconteceu?"	Lucas, ainda deitado, com um tom emocionalmente menos carregado, conta tudo.	O professor comenta, dizendo: "Lucas, ainda precisamos trabalhar sobre alguns comportamentos. Daqui a 5 minutos, vai tocar o sinal. Agora que você está mais calmo, volte para a sala sozinho. Não é preciso que eu acompanhe você".
G	O professor comenta, dizendo: "Lucas, ainda precisamos trabalhar sobre alguns comportamentos. Daqui a 5 minutos, vai tocar o sinal. Agora que você está mais calmo, volte para a sala sozinho. Não é preciso que eu acompanhe você".	Lucas escuta sem responder, de olhos baixos.	O professor conclui, dizendo: "Assim que a aula terminar, me procure, e depois vamos decidir juntos como resolver a questão da porta. Ela vai precisar de conserto. Você concorda?"
H	O professor conclui, dizendo: "Assim que a aula terminar, me procure, e depois vamos decidir juntos como resolver a questão da porta. Ela vai precisar de conserto. Você concorda?"	Lucas concorda.	O professor abre a porta da academia, e Lucas volta para a sala de aula.

Gerir a fase da resolução: conexão, não apenas correção

Vocês devem ter notado que uma gestão adequada da fase de desescalada leva naturalmente à próxima fase, a da resolução do conflito. Após a explosão ocorrida, uma vez tranquilizado o aluno, é o momento de *recriar um vínculo*, restabelecer uma aliança que possibilite à pessoa adulta se propor como alguém que pode ajudar a reelaborar o que ocorreu.

→ ***"Connecting before correcting"***, ou seja, "tentar entrar em sintonia antes de corrigir", é um dos lemas que orientam a ação de quem tem uma abordagem "positiva" à educação.

Pessoalmente, sou um firme defensor da *Disciplina Positiva* (NELSEN, 2006) e considero muitas das estratégias psicoeducacionais sugeridas extremamente eficazes, também na gestão das dificuldades de comportamento. Uma das técnicas mais úteis é a da identificação. Antes de pôr em campo qualquer intervenção, é fundamental perguntar-se: "Se eu estivesse em seu lugar e tivesse as mesmas dificuldades de autocontrole, o que estaria sentindo? *O que gostaria que me dissessem?* Que tipo de intervenção me ajudaria?"

Imaginemos por um momento que somos André: estamos na sala dos professores e estamos tentando nos acalmar: acabamos de comunicar ao professor que estamos muito nervosos. O que gostaríamos de ouvir como resposta? O que nos ajudaria a nos tranquilizar para podermos voltar à sala de aula com serenidade? Talvez uma resposta como: "Vejo que você está muito tenso. Mas esta é a sala reservada aos professores, e você não pode ficar aqui. Vamos esperar alguns minutos e depois vamos voltar para a sala de aula"?

E se estivéssemos no lugar de Anna e alguém viesse ao nosso encontro no vestiário após a discussão com a professora de Educação Física, o que gostaríamos que nos dissessem? Aquilo que foi dito por Paula, uma competente assistente pessoal, ou algo do tipo: "Vamos, você sabe que não pode ficar aqui sozinha! Agora limpe o rosto e volte para a academia. Mas saiba que isso não acaba aqui!"

Identificar-se, esforçar-se por compreender o estado emocional de quem temos em frente e intuir suas necessidades nos faz lembrar de que, quando tentamos resolver um problema, é importante que o processo de resolução envolva vantagens recíprocas. Ao término do diálogo, o aluno deve se sentir tão satisfeito quanto o professor.

Segundo Adler (2007), é precisamente esse sentimento de satisfação mútua e de conexão positiva entre o adulto e a criança ou o adolescente que lança os *fundamentos* para a redução dos comportamentos de oposição. A resolução se torna uma oportunidade não somente para estreitar novamente as relações, mas também para fortalecê-las. São muitos os episódios de professores e professoras que contam que, após terem gerido bem grandes momentos de conflito com alunos extremamente opositores, deram-se conta de que haviam estabelecido com eles um vínculo mais forte e modalidades relacionais mais positivas.

Mas atenção: identificar-se e compreender não significa justificar. A conexão deve ser seguida pela correção, pelo trabalho sobre as consequências, mas não sem antes ter reelaborado corretamente o que ocorreu.

A reelaboração no ambiente escolar certamente não corresponde à atividade de *debriefing* do psicólogo. É antes um retorno ao episódio para ajudar o aluno a entender o que ocorreu e favorecer as condições adequadas para que ele possa voltar à sala de aula. Se a crise for seguida por uma fuga ou um afastamento, voltar à sala de aula certamente não é um aspecto secundário. Teremos de propor uma estratégia que permita que a criança ou o adolescente seja acolhido pelos outros de forma neutra e que "salve sua reputação", sem ser julgado ou sofrer o estigma ligado às suas dificuldades de comportamento. Como professores e professoras, podemos transmitir à turma estas três mensagens:

- o professor lidou bem com a situação;
- o colega de vocês está calmo agora;
- o ambiente é seguro.

Tudo isso só pode ocorrer se o risco de uma nova explosão já tiver sido afastado, se o professor se mostrou capaz de reduzir ao máximo a dimensão dos fatores potencialmente provocadores, de esfriar o aluno emocionalmente e também fisicamente, de criar um clima adequado considerando todos os pontos de vista, sem se limitar a considerar apenas seu papel, mas também identificando-se com o aluno com TOD.

Lembremos sempre que um aluno ou uma aluna que passou por todas as fases descritas traz consigo o cansaço ligado ao fato de ter percorrido um caminho emocionalmente exigente e, embora, no fim, a crise tenha chegado ao fim, mesmo assim a pessoa foi muito provada ou até ficou *exausta*. Portanto, é fundamental apoiá-la e tranquilizá-la antes de refletir juntos e trabalhar sobre as consequências.

Muitas crianças ou adolescentes opositores, na realidade, não gostam de seu modo de ser, de reagir e sobretudo das consequentes dificuldades relacionais que os condenam a sofrer uma espécie de isolamento social, tanto pelos adultos quanto pelo grupo dos pares. Eles buscam oportunidades para serem ouvidos e para conseguirem colaborar eficazmente com os outros, mas muitas vezes são carentes do ponto de vista das habilidades relacionais necessárias, custando, depois, a entender as razões de seu fracasso. Sua tendência à atribuição externa certamente não os ajuda.

No entanto, existe uma estratégia para gerir também a fase da "correção dos comportamentos incorretos", que se baseia mais nas consequências naturais de um comportamento do que nas punições ou nas recompensas.

Gerir a fase final: trabalhar as consequências

Quando um aluno é lembrado de que toda ação tem uma consequência, seu pensamento imediatamente se volta para uma ampla gama de punições às quais os adultos costumam recorrer para tentar "domesticá-lo". Uso deliberadamente esse termo porque, com muita frequência, tenho encontrado no Ensino Fundamental e Médio a tendência de acreditar que a punição pode ter alguma eficácia na modificação dos comportamentos desafiadores e de oposição dos alunos e das alunas, especialmente na presença de um transtorno de comportamento. Muitas vezes, professores e professoras que utilizam com mais frequência os instrumentos punitivos, como as notas, são os mesmos, depois, que declaram que esses instrumentos não têm nenhuma influência na melhoria da conduta dos alunos e das alunas. Trabalhar as consequências não significa impor sanções para dissuadir os estudantes de agirem negativamente, mas sim pensar juntos sobre os resultados de suas ações para encontrar estratégias *diferentes* para lidar com as situações mais problemáticas.

Uma intervenção pós-crise que não apresente alternativas eficazes para gerir melhor o antecedente que gerou o problema é uma intervenção à qual parece faltar algo, que responde, sim, a objetivos imediatos, mas negligencia os de longo prazo.

Repensando nos vários episódios citados, em todos os três paramos no momento em que o professor ou a professora leva André, Anna e Lucas de volta à sala de aula. Não é fácil chegar a esse resultado, e temos de elogiar os professores e as professoras que se mostraram capazes de governar tão bem a situação. No entanto, alcançados os objetivos de curto prazo, não podemos nos contentar e pensar que concluímos o nosso trabalho, mas teremos que refletir sobre como ajudar André, Anna e Lucas para gerirem situações semelhantes no futuro; ou seja, como torná-los *mais competentes*. Só assim podemos esperar reduzir a probabilidade de que essas crianças e adolescentes "explodam" novamente e refaçam o círculo vicioso que acabamos de descrever.

Assim que a calma voltou, é hora de envolver a criança ou o adolescente na busca de uma solução para o problema.

Sugerimos evitar sermões soporíferos e pouco eficazes, mas, como indicam muitos especialistas no campo dos comportamentos de oposição[14], é preferível uma análise guiada o mais serena e meticulosa possível do que ocorreu, com atenção às consequências naturais do que foi feito e às possíveis estratégias alternativas para o futuro.

Portanto, é aconselhável discutir com o aluno ou a aluna, prevendo um *espaço* e *tempo* extras em relação aos da sala de aula. Mas atenção: a "convocação" não deverá se parecer ao prelúdio de um "julgamento" sem possibilidade de recurso, mas antes como uma oportunidade para dialogar com uma pessoa adulta de confiança e, juntos, treinar a própria capacidade de resolução de problemas.

Para entender melhor como trabalhar as consequências junto com os alunos e as alunas, vamos analisar nas próximas páginas o que ocorreu com um dos protagonistas dos nossos exemplos.

---

14. Entre os autores que sugerem "encontrar-se" com as crianças e os adolescentes para analisar o que ocorreu e escolher juntos estratégias alternativas de gestão das situações problemáticas, recordamos Rudolf Dreikurs e sua proposta de *council* apresentada no manual *Children: The challenge*; e John Lochman e os encontros de "resolução de problemas em grupo" propostos dentro do percurso *Coping Power* para professores para o controle da raiva e da agressividade em crianças e adolescentes. Jane Nelsen (2006) fala da estratégia do *meeting* na abordagem da disciplina positiva. E, por fim, Scott Walls (2016) ilustra estratégias semelhantes dentro do modelo PASS para a gestão dos comportamentos "destrutivos".

André

	ANTECEDENTE (A)	COMPORTAMENTO (B)	CONSEQUÊNCIAS (C)
A	O professor diz: "Gostaria de ficar aqui por alguns minutos?"	André responde: "Sim".	O professor consente, dizendo: "Ok, vamos ficar aqui juntos por alguns minutos e depois voltamos para a sala. Quando voltarmos, sente-se no seu lugar". Com tom emocionalmente neutro, acrescenta: "Vamos conversar sobre isso entre nós no recreio. Mas fique tranquilo".
B	O professor consente, dizendo: "Ok, vamos ficar aqui juntos por alguns minutos e depois voltamos para a sala. Quando voltarmos, sente-se no seu lugar". Com tom emocionalmente neutro, acrescenta: "Vamos conversar sobre isso entre nós no recreio. Mas fique tranquilo".	No intervalo, André vai ao encontro do professor na sala dos professores.	O professor, com tom neutro, diz a André: "Tentemos entender melhor o que aconteceu hoje. Na sua opinião, o que aconteceu?"
C	O professor, com tom neutro, diz a André: "Tentemos entender melhor o que aconteceu hoje. Na sua opinião, o que aconteceu?"	André, com tom neutro, responde: "Eu me irritei porque o senhor me disse o que eu tinha que fazer, e os meus colegas sempre pegam no meu pé".	O professor pergunta: "E depois?"

D	O professor pergunta: "E depois?"	André responde: "Depois eu exagerei na dose e lhe respondi mal. Desculpe. Mas é verdade que o senhor sempre olha só para mim quando estamos na sala!"	O professor pergunta: "O que acontece quando você se irrita?"
E	O professor pergunta: "O que acontece quando você se irrita?"	André responde: "Digo coisas que não deveria, levanto a voz, grito com as pessoas que estão na minha frente".	O professor pergunta: "Quando alguém grita com outra pessoa, o que acontece?"
F	O professor pergunta: "Quando alguém grita com outra pessoa, o que acontece?"	André responde: "A pessoa se ofende? Se irrita?"	O professor confirma: "Sim, por exemplo, eu me ofendo e me irrito". Com tom neutro, acrescenta: "Quando você gritou comigo, eu me ofendi e me irritei. E naquele momento eu não gostei de você. Estávamos em conflito".
G	O professor confirma: "Sim, por exemplo, eu me ofendo e me irrito". Com tom neutro, acrescenta: "Quando você gritou comigo, eu me ofendi e me irritei. E naquele momento eu não gostei de você. Estávamos em conflito".	André olha para o professor e concorda.	O professor continua: "Se você grita e eu grito, não saímos mais disso, não é? E não nos gostamos quando gritamos. E, se não nos gostamos, eu posso alimentar preconceitos em relação a você, e você em relação a mim".

Continua >>

>> Continuação

	ANTECEDENTE (A)	COMPORTAMENTO (B)	CONSEQUÊNCIAS (C)
H	O professor continua: "Se você grita e eu grito, não saímos mais disso, não é? E não nos gostamos quando gritamos. E, se não nos gostamos, eu posso alimentar preconceitos em relação a você, e você em relação a mim".	André pergunta: "Em que sentido?"	O professor responde: "No sentido de que eu posso pensar que você não está sentado em seu lugar para me desrespeitar, e você pode se convencer de que eu olho e xingo apenas você. Mas, em ambos os casos, não é assim. Não é verdade? O que podemos fazer?"
I	O professor responde: "No sentido de que eu posso pensar que você não está sentado no seu lugar para me desrespeitar, e você pode se convencer de que eu olho e xingo apenas você. Mas, em ambos os casos, não é assim. Não é verdade? O que podemos fazer?"	André propõe: "Podemos pedir aquilo que queremos sem gritar".	O professor responde: "Muito bem. Mas e se a outra pessoa não responder ao pedido?"
J	O professor responde: "Muito bem. Mas e se a outra pessoa não responder ao pedido?"	André propõe: "Escolhemos uma palavra que nos lembre que não devemos gritar, mas devemos nos ouvir. Tipo: PRECONCEITO".	O professor diz: "Ok, muito bem. Negócio fechado!" Depois de dar a mão a André, o professor o cumprimenta e se despede dele.

Sugiro que vocês leiam todo o caso de André, retomando na sequência as análises das páginas 27-28, 50, 60-62. Será mais simples compreender o conceito de "gestão formativa de um comportamento de oposição" e dar-se conta de que...

> **o importante não é ser um professor perfeito, mas sim um professor estratégico.**

A estrutura do livro

O livro está dividido em 12 capítulos, nos quais são abordados os comportamentos problemáticos típicos dos alunos e das alunas com TOD do Ensino Fundamental e Médio.

Os comportamentos problemáticos analisados são:

1. Não quer participar das atividades da classe;
2. Utiliza termos vulgares e palavrões;
3. Incita a turma a se revoltar;
4. Acusa o professor de ser preconceituoso;
5. Sai da sala de aula sem permissão;
6. Pede constantemente para ir ao banheiro;
7. Contradiz o professor repetidamente;
8. Insulta os colegas ou debocha deles;
9. Provoca o professor verbalmente;
10. Quer se vingar na escola;
11. Não compreende as advertências;
12. Não quer voltar para a sala de aula.

Cada capítulo contém breves parágrafos iniciais (*Por que faz assim?*, *O que valorizar*, *O que não fazer*), seguidos de uma reflexão sobre os julgamentos que o professor ou a professora deve colocar em modo de espera para evitar reagir impulsivamente às provocações (*Quais pensamentos é preciso manter sob controle*) e sobre as principais estratégias específicas de intervenção (*Algumas ideias sobre como intervir*).

Como não é fácil optar por experimentar novas modalidades de relação e como pode haver muitas resistências, na conclusão de cada capítulo há também algumas notas importantes, fruto da experiência formativa deste que escreve (*Não se esqueçam...*), que têm a intenção de remover alguns obstáculos à ação.

No *Apêndice*, são indicadas algumas sugestões para a elaboração de um plano de intervenção para a gestão das crises de comportamento, a serem partilhadas com os colegas da mesma instituição.

Quem quiser contar os resultados de suas experiências pode entrar em contato comigo pelo e-mail

daffi.gianluca@gmail.com

Boa leitura e bom trabalho!

Comportamentos problemáticos

CAPÍTULO 1

NÃO QUER
participar das atividades da classe

— POR QUE FAZ ASSIM? —

Porque o aluno ou a aluna com TOD tem a tendência de utilizar o "NÃO" diante de qualquer proposta, especialmente nas atividades que são apresentadas como obrigatórias.

Porque quer impor seu ponto de vista e não suporta que outros lhe deem instruções diretas sobre como deve agir.

Porque não gosta de ficar em grupo e tenta evitar situações em que é chamado a se envolver direta ou indiretamente com os outros.

O QUE VALORIZAR

✓ Sua necessidade de se **sentir parte** de um grupo.

✓ Suas **paixões pessoais.**

✓ As relações de **amizade** que já conseguiu construir.

O QUE NÃO FAZER

✗ NÃO usem frases do tipo: "Você tem que fazer" ou "Você tem que participar".

✗ NÃO usem modalidades ameaçadoras com expressões do tipo: "Eu sou o professor e decido que faremos esta atividade agora!"

✗ NÃO obriguem a criança ou o adolescente a colaborar com um colega específico.

✗ NÃO obriguem a criança ou o adolescente a se inserir em um grupo de trabalho.

Quais pensamentos é preciso manter sob controle

Quando um aluno ou uma aluna não quer participar das atividades que planejamos, duas preocupações podem se ativar na mente do professor ou da professora:

- a primeira é que a nossa autoridade e o nosso profissionalismo podem diminuir quando um estudante duvida da eficácia do nosso modo de organizar as aulas. Se eu, professor, decidi que uma atividade em grupo pode ser particularmente funcional para favorecer a aprendizagem de um conceito, quem é ele ou ela para se atrever a me contradizer?

- a segunda é que outros alunos, dentro do grupo de classe, podem seguir seu exemplo e, por sua vez, recusar-se a participar ativamente daquilo que é proposto. Se eu permitir que um aluno não siga as minhas indicações, corro o risco de criar um perigoso precedente, abrindo caminho para sabe-se lá qual "revolta subversiva".

Essas considerações correm o risco de se traduzir em padrões de comportamento e em reações bastante intransigentes em relação a quem tentou duvidar das nossas escolhas didáticas: a criança ou o adolescente, então, é convidado a participar rapidamente do trabalho em sala de aula sem mais reclamações e sem nenhuma possibilidade de expor seu ponto de vista.

Toda concessão mínima nos assusta, parece-nos como um passo rumo a um abismo do qual será impossível sair. Nesses casos, é importante lembrar que os colegas da criança ou do adolescente opositor o conhecem perfeitamente e reconhecem seus comportamentos inapropriados.

Algumas ideias sobre como intervir

Atribuam uma função. A criança ou o adolescente opositor sabe o que fazer dentro do grupo da turma? Reconhece que tem uma função? Lembremos que esse aluno precisa se sentir participante dentro de cada pequena ou grande equipe de trabalho da qual fará parte. Não basta se dirigir a ele com uma frase genérica como: "Trabalhe neste projeto". Em vez disso, devemos lhe atribuir uma tarefa específica que, como recorda Adler (2007), ative o "sentimento comunitário" no menino.

Se o comportamento pouco colaborativo se apresentar quando o aluno ainda estiver calmo, pode ser suficiente atribuir-lhe uma tarefa precisa e detalhada, fazendo-o se sentir investido de um cargo que o valoriza. Por exemplo, podemos lhe dizer: "Vou lhe confiar uma missão: recolha as propostas dos outros e organize-as em uma tabela de resumo. No fim do período vou lhe pedir que me entregue essa tabela. Combinado?" Se o comportamento de oposição já se encontrar na Fase 2, quando o aluno está ativado por um pedido percebido por ele como desafiador, então será preferível não usar um tom excessivamente diretivo. Será melhor lhe propor que escolha dentro de um leque de tarefas, pois o objetivo é que ele participe de forma positiva e construtiva da atividade da turma. Finalmente, pode-se tentar envolvê-lo com uma frase do tipo:

"Para fazer o trabalho de hoje, vou precisar de alguém que me ajude a realizar uma destas três tarefas. O que você acha? Pode me dar uma mão?"

- Façam um pedido a partir de uma atividade agradável. Crianças e adolescentes opositores, por sua história pessoal, estão acostumados a receber convites voltados a interromper o que estão fazendo, geralmente atividades que consideram extremamente prazerosas. Da mesma forma, são solicitados a fazer aquilo que os adultos esperam deles e que muitas vezes é percebido como atividades entediantes e desagradáveis. Uma estratégia útil para envolvê-los é surpreendê-los, pedindo-lhes que façam para nós exatamente aquilo que lhes agrada. Por exemplo, se um aluno gosta de desenhar e desenha o dia todo em vez de participar da aula, podemos lhe pedir que continue fazendo seus desenhos para nos ajudar a fazer uma história em quadrinhos relacionada com aquilo que estamos explicando, prometendo que vamos pendurá-la na parede da sala de aula ou fotocopiá-la e distribuí-la aos colegas para que possam usá-la no contraturno. Essa estratégia funciona especialmente nas três primeiras fases de desenvolvimento do comportamento de oposição e costuma evitar que a criança ou o adolescente passe para a Fase 4, a da crise propriamente dita.

Ativem pequenos grupos de trabalho. Pode ser útil estabelecer um programa de envolvimento extremamente gradual nas atividades da turma. Tentem criar pequenos grupos de trabalho, certificando-se de que a criança ou o adolescente com TOD esteja colaborando com os colegas com quem tenha menos tensão e, se possível, que possam representar um modelo positivo de comportamento. Se isso funcionar, vocês podem, depois, ampliar o grupo gradualmente, inserindo também aqueles colegas com os quais as relações são mais complexas.

Não se esqueçam...

Dificilmente o sujeito com TOD se torna um modelo para os outros e raramente conseguirá exercer o papel de líder negativo. Para manter a nossa credibilidade aos olhos de toda a turma, devemos nos esforçar para reagir de modo a mostrar uma flexibilidade estratégica a fim de obter o resultado. Trata-se de uma alternativa preferível ao risco daquelas pessoas que, pelo contrário, vítimas de uma intransigência estéril, enrijecem-se e entram em conflito com o aluno opositor.

CAPÍTULO 2

UTILIZA
termos vulgares e palavrões

POR QUE FAZ ASSIM?

Porque o aluno ou a aluna com TOD é facilmente irritável e mostra uma reatividade particular na presença de situações frustrantes.

Porque tem dificuldade para manter a raiva sob controle e para frear os ataques de ira.

Porque tem uma dificuldade inata ou até uma incapacidade de controle dos impulsos e uma capacidade limitada de prefigurar as consequências de suas ações.

O QUE VALORIZAR

✓ Seu *nível cognitivo* que, geralmente, está dentro da norma ou é superior.

✓ Sua *sensibilidade* ao modo como são feitos os pedidos.

✓ A capacidade de *refletir* sobre o ocorrido, assim que voltou a ficar calmo.

O QUE NÃO FAZER

✗ NÃO o definam como mal-educado.

✗ NÃO façam referência a supostas carências familiares.

✗ NÃO o repreendam por não conseguir se controlar.

✗ NÃO comparem seu comportamento com o de uma criança pequena.

Quais pensamentos é preciso manter sob controle

Não é fácil ter em mente a diferença entre um aluno mal-e-ducado e um aluno impulsivo, reativo e com dificuldade de gerir a raiva. O nosso papel como educadores geralmente nos leva a nos concentrarmos na necessidade de modificar os comporta-mentos incorretos, em vez de compreender os motivos que estão em sua origem.

É claro que isso não significa que usar termos vulgares seja algo apreciável e digno de louvor, mas devemos focar nossa atenção nos pensamentos e nas convicções que orientam o agir de um professor.

Um dos pensamentos a se manter sob controle é justamente aquele que nos leva a dizer: "Aqui na escola não dá para ouvir essas coisas!", porque muitas vezes essa afirmação se traduz em uma repentina ação repressiva.

Essa forma de indignação é exatamente a reação que o aluno opositor quer obter no momento em que decide, intencio-nalmente, dizer um palavrão ou uma expressão vulgar para nos desafiar. Reagir com uma punição significaria jogar exatamente o seu jogo, sem a garantia de conseguir uma melhoria efetiva.

Se aquele palavrão fosse expressado de forma impulsiva jus-tamente como testemunho das dificuldades de autocontrole e de autorregulação, o fato de ser penalizado, provavelmente pela enésima vez, poderia ser percebido pela criança ou pelo adoles-cente como uma injustiça verdadeiramente intolerável.

A consequência poderia ser a descrita anteriormente: um provável aumento dos comportamentos problemáticos e uma escalada de agressividade verbal.

Algumas ideias sobre como intervir

◉ Ignorem o palavrão e concentrem-se na mensagem. Não se detenham nas expressões vulgares do aluno, mas tentem "limpar" sua comunicação para tentar compreender qual mensagem ele quer enviar para vocês. Se o uso de termos vulgares ocorre durante a fase de crise, ele geralmente não tem a intenção de provocar, mas representa, antes, um comportamento relacionado à incapacidade de expressar corretamente os próprios pedidos mantendo o rancor e a raiva sob controle.

◉ Parafraseiem para abaixar os tons. Reformulem as frases do aluno utilizando um início como: "Talvez você queria dizer que..." e acrescentando expressões simpáticas que deem a entender que vocês compreenderam a mensagem dele e também sua dificuldade de controlar as emoções negativas. Portanto, não o "condenem", mas corrijam-no com educação. Por exemplo, se após uma briga com um colega ele explodir com um "Chega! Você me encheu o saco!", vocês poderiam intervir, dizendo: "Talvez você queria dizer que neste momento quer ficar em paz?" Obviamente, vocês terão que prestar muita atenção ao tom, que nunca deverá ser irônico ou debochado, mas compreensivo e de apoio.

🔊 ⟨Afastem o aluno do antecedente ativador.⟩ Se for possível identificar o destinatário dos insultos entre os colegas, e se a linguagem chula surgir dentro de um conflito "a dois", o conselho é sempre separar o aluno do estímulo que produz esse tipo de reação. Se tiver sido um colega, sugerimos afastá-lo também momentaneamente, após ter obtido sua colaboração, de modo a tentar resolver a questão logo. Pode-se dizer uma frase como: "Escute, Paulo, o Lucas agora está muito irritado com você. Ajude-me a lidar com esta situação: afaste-se um pouquinho, para que eu possa falar com ele, e depois a gente volta a trabalhar juntos. Obrigado". Se o antecedente ativador for o professor, que por exemplo ativou inconscientemente uma reação agressiva ao apresentar uma atividade para a turma, a sugestão é modificar o estilo do pedido. É possível que haja algo no nosso estilo ou no nosso tom que foi percebido pelo aluno como "desafiador" e provocou seu esquema de oposição consolidado.  Mantenham o pedido, mas tentem adotar uma das estratégias sugeridas no parágrafo anterior. Lembrem-se de ser firmes, mas gentis.

Não se esqueçam...

Os colegas do aluno ou da aluna com TOD assistem quase cotidianamente suas reações "excessivas" e, por isso, estão cientes de que, com ele ou ela, os professores tenderão a utilizar estratégias de gestão diferentes das adotadas com o restante da turma.

Não se deixem seduzir pela ideia de terem que distribuir "partes iguais entre desiguais" e de terem que repreender severamente o aluno opositor toda vez que ele usar termos vulgares.

O fato de ignorar estrategicamente sua linguagem chula não se traduzirá em uma perigosa falta de credibilidade por parte dos colegas. Crianças e adolescentes são suficientemente sensíveis para entender o que vocês estão fazendo e como.

Cabe a vocês demonstrarem sua capacidade de controlar a situação, identificando as prioridades certas e escolhendo as estratégias mais eficazes.

CAPÍTULO 3 INCITA A TURMA
a se revoltar

POR QUE FAZ ASSIM?

Porque o aluno ou a aluna com TOD quer impor, a todo o custo, seu ponto de vista e porque tem dificuldade de compreender, mesmo que apenas de modo aproximativo, o ponto de vista do professor ou da professora.

Porque tende a transformar todo conflito em uma ocasião de confronto e a exacerbar os termos de qualquer discussão.

Porque tem uma tendência natural a se opor a quem representa a autoridade ou a quem simplesmente serve de guia dentro de um grupo.

O QUE VALORIZAR

✓ Sua vontade de ser *líder*.

✓ Seu desejo de *entrar em relação* com os outros.

✓ A *tenacidade* com que defende seu ponto de vista.

O QUE NÃO FAZER

✗ NÃO tentem se impor a ele, explorando o próprio papel de vocês.

✗ NÃO tentem rebaixá-lo aos olhos dos colegas.

✗ NÃO usem frases do tipo: "Ninguém vai lhe ouvir se você..."

✗ NÃO o afastem da turma por medo de que seu comportamento possa receber a aprovação dos colegas.

✗ NÃO lhe reconheçam o papel de "líder negativo".

Quais pensamentos é preciso manter sob controle

Às vezes, as pessoas adultas se deixam envolver pelas crianças e adolescentes opositores em conflitos inúteis, que demonstram como os sujeitos com dificuldade de comportamento são hábeis em manipular e controlar as reações alheias. Como docentes, devemos nos lembrar de que não é necessário participar de todas as "batalhas" às quais somos convidados: não é essa a lógica que devemos seguir. O aluno desafiador muitas vezes quer ser o centro das atenções e tende a ocupar o lugar do professor, a ponto de em alguns momentos parecer até desejar sua liderança.

Porém, isso não deve nos assustar e, sobretudo, não deve nos colocar em uma atitude de defesa estéril em relação à nossa posição. Lembremos sempre a nós mesmos que ele ainda é um estudante e nós somos os professores, e nada pode inverter esses papéis.

Como já tivemos oportunidade de enfatizar várias vezes, o aluno ou a aluna com TOD quase nunca é um líder negativo e, mesmo que se tornasse em algumas circunstâncias, isso não significa que possa substituir o professor ou a professora na condução da turma, a menos que o adulto "desça" ao nível do aluno, cedendo a suas provocações. A gestão da turma certamente não passa por uma "pseudovitória" em um confronto entre professor e aluno opositor.

Algumas ideias sobre como intervir

- Criem oportunidades nas quais o aluno ou a aluna possa desempenhar o papel de líder positivo. Se o comportamento desafiador não se manifestar durante um momento de discussão em grupo, mas explodir de repente, por exemplo após um pedido dirigido, provavelmente nos encontramos em uma daquelas situações em que o estudante está tentando impor seu ponto de vista de maneira imprópria. Tentem modificar rapidamente as regras do jogo: ele optou por desempenhar o papel de revolucionário, de incitador, de "agitador de multidões", então vocês vão lhe propor a se tornar o porta-voz do grupo. Declarem sua extrema disponibilidade para escutá-lo, pedindo-lhe que sonde concretamente as necessidades da turma que, no entanto, terão de ser detectadas e posteriormente expostas segundo regras precisas. Vocês podem usar uma frase como: "Muito bem, vejo que você é um porta-voz apaixonado. Terei prazer em ouvi-lo. Para entender bem quais são seus pedidos e os da turma, tente discuti-los por alguns minutos com seus colegas e depois me explique as razões, começando por aquela que lhe parece ser a mais urgente. Primeiro, você vai falar e eu vou lhe ouvir, depois eu vou falar e você vai me ouvir. Assim, tentaremos encontrar juntos uma solução que seja boa para todos!"

- Envolvam todos em um momento de resolução de problemas em grupo. Se o comportamento desafiador se manifestar durante um momento de conflito coletivo, pode ser extremamente útil usar uma estratégia descrita em muitos textos (LOCHMAN et al., 2012; NELSEN, 2006) que lidam com crianças e adolescentes com TOD, a dos *meetings*, ou seja, reuniões organizadas. Uma reunião escolar prevê pelo menos sete momentos estruturados, claramente definidos nos conteúdos e ordenados da seguinte maneira:

1) a formação de um círculo. Todos os alunos envolvidos se reúnem e formam um círculo, para que ninguém seja excluído da discussão. Cada estudante tem o direito de participar da busca das soluções para os problemas que serão apresentados;

2) a apresentação dos problemas. Um porta-voz, eleito democraticamente pelo grupo, apresenta à turma as questões nas quais o debate se focará;

3) a revisão das regras para participar da discussão. O porta-voz lembrará quais são as regras para participar do debate. Por exemplo: "A pessoa só poderá falar se estiver segurando este marcador vermelho, que vamos passar para indicar a vez de cada um falar";

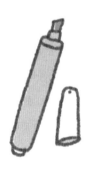

4) o tempo das lembranças e dos elogios. Antes de começarem a buscar soluções para os problemas atuais, o grupo relembrará situações passadas em que foram encontradas soluções eficazes e se felicitará com todos pelo bom trabalho realizado;

5) a coleta das propostas para resolver o problema atual. Todos, respeitando as regras compartilhadas, poderão apresentar livremente suas ideias;

6) avaliação das propostas e votação;

7) identificação da proposta que tiver obtido o maior número de votos.

Não se esqueçam...

As estratégias recém-descritas têm como objetivo gerir o comportamento problemático do aluno desafiador que tende a incitar a turma à insubordinação.

As problemáticas relativas a tudo o que poderia ocorrer na sequência da organização de uma reunião de turma, por exemplo a possibilidade de o aluno não aceitar as soluções propostas pelos outros ou de não se comprometer a cumprir o que foi votado pela maioria, são todos aspectos que abordaremos em seguida.

Tentemos intervir em um comportamento problemático de cada vez; pois, como bem sabemos, não é possível conseguir tudo e já.

CAPÍTULO 4 ACUSA O PROFESSOR
de ser preconceituoso

POR QUE FAZ ASSIM?

Porque o aluno ou a aluna com TOD acha que o mundo está contra ele ou ela, e isso influencia seu modo de interpretar muitos comportamentos dos adultos em relação a si mesmo.

Porque tem uma tendência inata a atribuir tudo aquilo que acontece com ele ou ela a causas independentes de sua própria vontade: nesses casos, fala-se de "*locus* de controle externo".

Porque tem uma imagem de si mesmo tendencialmente negativa, fruto dos muitos *feedbacks* recebidos no passado, e crê que todos os adultos o percebem de modo desfavorável.

O QUE VALORIZAR

√ Seu desejo de fazer valer as **próprias ideias**.

√ Sua capacidade de compreender as relações **causa-efeito**.

√ Sua sensibilidade ao **elogio** e à gratificação.

O QUE NÃO FAZER

✗ NÃO se irritem.

✗ NÃO comecem a listar todas as situações em que vocês foram imparciais.

✗ NÃO chamem os colegas como testemunhas de que vocês não são preconceituosos.

✗ NÃO se justifiquem, se tiverem agido para evitar possíveis danos e com base em experiências anteriores.

Quais pensamentos é preciso manter sob controle

Ser acusado injustamente é algo que, obviamente, incomoda muito. Além disso, se essas insinuações forem feitas por um aluno ou uma aluna que tende a mostrar comportamentos desafiadores, isso pode ser ainda mais difícil de aceitar. Alguns professores podem negar que têm alguma forma de preconceito em relação à criança ou ao adolescente opositor.

Na realidade, não é raro achar esses estudantes mais complexos do que os outros, e talvez, mais ou menos conscientemente, podemos ter lhes transmitido a seguinte mensagem: "Não confio em você. Estou de olho em você!"

Se isso ocorreu, não há necessidade de se desesperar.

É totalmente normal que a experiência passada influencie a percepção atual da criança ou do adolescente e, em parte, conote a nossa relação com ele ou ela. Se nunca passamos dos pensamentos para a ação, se temos certeza de que nunca agimos de modo incorreto, não há necessidade de entrarmos em crise. Evitemos ativar pensamentos que possam nos levar ao erro de nos justificarmos por aquilo que nunca fizemos.

Algumas ideias sobre como intervir

◉ Usem o mecanismo das consequências naturais em vez das punições. Expliquem que cada um de nós tem expectativas sobre o comportamento dos outros e que elas nascem de experiências passadas. Se, durante a aula anterior, Marcos se sentou ao lado de Giovani e eles ficaram conversando o tempo todo, obrigando o professor a repreendê-los várias vezes, provavelmente esse professor não aceitará hoje o pedido de Marcos para trocar de lugar e ir se sentar bem ao lado do colega "incriminado".

Como já destacado, não há necessidade de o professor se justificar. Basta ele se limitar a apresentar a simples relação existente entre (causa e efeito,) eliminando qualquer elemento "afetivo". Às acusações de Marcos, o professor não vai responder: "Não é verdade, eu não sou preconceituoso!", mas sim: "Hoje você não pode se sentar ao lado do Giovani, porque ontem eu tive que chamar a atenção de vocês várias vezes. E, como isso aconteceu ontem, não quero que aconteça hoje!" Tentem usar um tom emocionalmente neutro, aquele que definimos tecnicamente como *businesslike*. Não é uma punição, mas sim a consequência natural daquilo que já ocorreu ontem; se hoje for diferente, amanhã as coisas podem mudar. Depende dele!

⚫ <u>Procurem outras oportunidades de encontro.</u> Alunos e alunas com TOD precisam entender que o professor pode intervir para expressar sua discordância sobre alguns de seus comportamentos, sem, por isso, "condená-los" definitivamente. É necessário ter experiências "contrastantes" no que diz respeito às suas percepções do mundo. Por exemplo, pode ser útil, após um conflito em sala de aula, procurar os alunos envolvidos durante o intervalo para bater um papo sobre um assunto com-

pletamente diferente, mostrando que é possível vivenciar situações de desacordo temporárias, mas que não afetam a qualidade das relações interpessoais. Em alguns casos, as oportunidades de encontro podem ser buscadas até mesmo dentro do horário de aula, talvez antes de sair da sala. Vocês podem se aproximar do aluno ou da aluna e lhe fazer uma última "pergunta de cortesia", voltada para reconstruir os contatos, como por exemplo: "Que matéria vocês têm depois?" Não importa tanto o conteúdo da comunicação, mas é fundamental a mensagem não verbal que é transmitida: para mim, tudo voltou ao normal.

- Deem *feedbacks* positivos, evidenciando o vínculo entre o comportamento praticado pelo aluno e a avaliação objetiva do professor. Usem estrategicamente os elogios e as gratificações, conforme sugerido por Russell Barkley (BARKLEY; BENTON, 2016). Elogiem o aluno com TOD sempre que ele adotar comportamentos adequados, enfatizando que vocês apreciam aquilo que ele optou por fazer, as suas ações, em vez de usarem adjetivos positivos genéricos que definem seu modo de ser.

Por exemplo, se ele terminar a tarefa em tempo, não digam: "Ótimo, você foi pontual", mas sim: "Você fez um bom trabalho, terminou a atividade sem se distrair!" Se, durante uma discussão, ele nunca levantar o tom, vocês não vão dizer: "Muito bem, você se mostrou bem-educado", mas sim: "Muito bem, você expressou suas ideias com um tom adequado e uma

linguagem apropriada". Ofereçam um *feedback* formativo que os ajude a compreender que as ações positivas têm consequências positivas e, portanto, são previsíveis.

Não se esqueçam...

Todos precisam ser elogiados, também as crianças e os adolescentes que parecem impermeáveis a toda intervenção do professor. Muitas vezes, são justamente aqueles que se mostram fechados e opositivo-passivos que mais precisam de *feedbacks* positivos capazes de os gratificar e de os levar a um processo de modificação eficaz e duradoura de seu comportamento.

CAPÍTULO 5
SAI DA SALA DE AULA
sem permissão

POR QUE FAZ ASSIM?

Porque o aluno ou a aluna com TOD tem uma propensão a infringir as regras que conhece, mas das quais não reconhece o valor ou não o compreende.

Porque tem reações emocionais intensas que podem desembocar em fugas ou em explosões motoras repentinas.

Porque tem poucas estratégias que lhe permitem gerir suas dificuldades comportamentais.

O QUE VALORIZAR

✓ Seu **nível cognitivo**.

✓ Sua **criatividade** na busca de soluções alternativas.

✓ A tendência a **aceitar regras** que ajudou a criar.

O QUE NÃO FAZER

✗ NÃO levantem a voz para lhe mandar voltar para a sala sem terem compreendido as razões do afastamento.

✗ NÃO deixem que se esconda, para não perdê-lo completamente de vista.

✗ NÃO o persigam "correndo", transmitindo a impressão de que vocês estão em um estado de alarme.

✗ NÃO usem argumentações do tipo: "Você tem que voltar, porque não pode ficar aqui fora. Eu sou responsável pela segurança de todos", ou similares.

Quais pensamentos é preciso manter sob controle

A primeira reação do professor ou da professora em situações desse tipo só pode ser a de chamar o aluno de volta, pedindo que ele retorne rapidamente para a sala de aula. Atenção: o temor de não ter sob controle um aluno potencialmente perigoso para si mesmo e para os outros pode nos levar a cometer uma série de erros que devemos evitar, em primeiro lugar, pensando que é necessário agir logo para que a situação volte ao normal o mais rápido possível. Lembremos que a fuga pode fazer parte tanto da fase do pré-conflito, em que o aluno busca uma estratégia para não explodir, quanto da fase da crise. Em ambos os casos, devemos conceder à criança ou ao adolescente um lapso de tempo adequado para elaborar a situação. Obviamente, é necessário se assegurar de que ele não saia da escola e não ponha em prática comportamentos arriscados, mas isso não significa necessariamente persegui-lo. O objetivo principal deve ser o de desativar o comportamento de oposição, e não de trazer a "ovelha perdida" de volta ao "rebanho".

Algumas ideias sobre como intervir

◉ Combinem com a criança ou o adolescente um sinal que lhe permita sair em momentos específicos e de acordo com modalidades compactuadas. Em alguns casos pode ser útil não atrapalhar sua necessidade de se ausentar por breves momentos durante o dia, obviamente contanto que isso não comprometa sua participação nas atividades escolares e não se torne uma desculpa para fugir de suas responsabilidades. Pensem em um conflito entre colegas que está prestes a desencadear uma briga ou em um pequeno bate-boca que ele teve com vocês, que, embora tendo "voltado a si", parece ter deixado um gosto amargo na boca do estudante. Lembremos que, em alguns casos, o aluno ou a aluna com TOD pode perceber esse tipo de situações como potencialmente de risco e optar deliberadamente por se distanciar momentaneamente delas para evitar explodir. Tal decisão estratégica deve ser reforçada, e, portanto, é tarefa do professor ou da professora propor um modo educado para "sair de cena", com o acordo prévio de retornar à sala de aula o mais rápido possível e sem tirar proveito da situação. Basta identificar um gesto conven-

cional, talvez um aceno feito com a mão ou uma palavra de ordem como "pausa!", para conceder ao aluno ou à aluna aquele pequeno intervalo de que necessita.

- **Faça pequenas concessões em relação ao movimento.** Reações emocionais intensas são frequentemente acompanhadas por movimentos descontrolados do corpo. Quanto maior for a tendência de vocês de "aprisionar seu aluno", maior será seu desconforto e, consequentemente, seu desejo de fugir. Se, depois de uma "longa luta", vocês já conseguiram que ele ficasse sentado em seu lugar, pronto para começar a aula, não insistam para que ele permaneça perfeitamente imóvel: "aceitem" que ele balance as pernas. Certamente, o movimento deverá ser "controlado", não deverá produzir barulhos nem ser incômodo, mas deem a entender que vocês estão permitindo a famosa "via de escape". Perguntem-se: "O que eu posso tolerar?"

- Compartilhem um plano de intervenção com os colegas. Se vocês estão lidando com um aluno que sai frequentemente da sala de aula sem permissão, e se as estratégias utilizadas anteriormente não ajudaram para manter sob controle e gerir sua tendência a fugir, vocês podem tentar formalizar um verdadeiro plano de emergência que leve em consideração:

  √ a quem avisar em caso de fuga;

  √ a quem pedir apoio para a gestão da sala de aula;

  √ quais estratégias específicas usar para acalmar o aluno;

  √ quais comportamentos evitar para não agravar a situação.

No Apêndice, vocês encontrarão algumas sugestões interessantes para se inspirar, a serem personalizadas com base no aluno.

Não se esqueçam...

Nem todas as fugas têm o mesmo significado: o primeiro passo para escolher uma estratégia de gestão adequada é compreender o significado do comportamento da criança ou do adolescente, tentando entender quais foram os antecedentes que ativaram as reações de afastamento da turma.

Se vocês perceberem que escapar é a consequência de ter gerido mal um conflito, vocês terão que pensar em modificar suas modalidades de relação com o aluno nos momentos mais difíceis para ele. Às vezes, o aluno ou a aluna com TOD sai da sala porque sente que não tem outra escolha; portanto, façam com que a experiência escolar seja positiva para ele ou ela e para o restante dos colegas.

Lembrem-se de que ser estratégico quase nunca ocorre durante um episódio de crise, mas sim "antes" e "depois".

As escolhas estratégicas ativadas "antes" têm por objetivo evitar que um estudante exploda de modo incontrolável. As estratégias implementadas "depois" são importantes para que, quando o aluno voltar a manifestar comportamentos explosivos, possa fazê-lo com menos frequência ou intensidade.

CAPÍTULO 6
PEDE CONSTANTEMENTE
para ir ao banheiro

POR QUE FAZ ASSIM?

Porque o aluno ou a aluna com TOD tende a buscar formas de fugir das tarefas que lhe são atribuídas.

Porque tem uma inclinação a se isentar das próprias responsabilidades, afastando-se de qualquer ambiente que seja insistente demais.

Porque tem dificuldade para adotar comportamentos regulados de acordo com normas socialmente aceitas.

O QUE VALORIZAR

√ O **vínculo** existente entre antecedentes positivos e comportamentos adequados.

√ Sua capacidade de **compreender** o efeito das consequências naturais de uma ação.

√ Seu desejo de se sentir **aceito** pelo grupo.

O QUE NÃO FAZER

✗ NÃO o proíbam, de modo algum, de sair da sala para ir ao banheiro.

✗ NÃO o acusem diante de todos de querer se afastar do grupo para se livrar de uma tarefa.

✗ NÃO usem profecias catastróficas com frases do tipo: "Quando você for adulto e estiver trabalhando, o que você acha que vai lhe acontecer se você ficar pedindo continuamente a seu chefe para ir ao banheiro?"

Quais pensamentos é preciso manter sob controle

Uma das situações mais frustrantes para um professor ou uma professora é ver uma mão levantada bem no meio de uma explicação apaixonada, conceder a palavra ao aluno ou à aluna para depois se dar conta de que o pedido nada mais é do que: "Posso ir ao banheiro?"

Além disso, quando esse pedido é feito pelo habitual estudante pouco atento e às vezes desafiador, o professor deve pôr em campo toda a sua paciência para evitar reagir de modo precipitado e talvez pouco educado, proibindo a criança ou o adolescente de sair pelo resto do ano.

Lembremos que o aluno opositor não quer se afastar de nós, mas sim do contexto: sua busca de um pretexto para sair da sala de aula não é um comportamento absolutamente a ser condenado, como se fosse uma modalidade astuta para evitar uma pergunta. Trata-se, antes, de ler esse comportamento do ponto de vista de uma verdadeira incapacidade de gerir algumas situações na ausência de competências específicas.

Não devemos pensar que ele quer sair apenas para se divertir, mas sim pelo desconforto ou pela sensação de inadequação que provavelmente está sentindo naquele momento da aula.

Não é fácil mudar esse pensamento, pois nem sempre alunos e alunas com TOD manifestam aberta e inequivocamente seu mal-estar.

Cabe a nós, professores e professoras, portanto, identificar os sinais ocultos e ativar as estratégias mais funcionais para intervir de modo correto.

Algumas ideias sobre como intervir

- Envolvam-no em situações positivas. Uma estratégia sempre eficaz é a de jogar com antecedência, tentando modificar os antecedentes que possam levá-lo a pôr em prática comportamentos de fuga. Se o estudante costuma procurar uma desculpa para se afastar da sala de aula, talvez seja porque ele não ache suficientemente estimulante aquilo que vocês propõem ou talvez seja simplesmente pelo seu estilo de lidar com as situações que exigem um pouco mais de esforço. Tenham sempre em mente que esse aluno pode ter vivido experiências escolares negativas no passado: ele pode ter sido afastado muitas vezes da sala de aula devido a seu comportamento explosivo e, consequentemente, pode ter aprendido essa modalidade de gestão das "tarefas complexas": quando algo se torna difícil, é melhor "dar sebo nas canelas". Para usar a metáfora do jogo, muitas crianças e adolescentes com TOD acreditam que nunca têm as cartas certas em mãos para jogar bem a partida e, assim, decidem jogar tudo pelos ares ou abandonar a mesa de jogo. Quando o estudante lhes pedir para sair, proponham que ele permaneça na sala ativamente, participe de um trabalho em grupo, desempenhe um papel importante ou simplesmente os ajude a fazer alguma coisa.

- Usem a estratégia do "sim, assim quê". Toda vez que falarmos com a criança ou o adolescente com TOD, devemos sempre fazer com que ele se sinta aceito e não nos perceba como um adulto que ignora suas necessidades. Podemos, portanto, usar frases do tipo: "Sim, assim que...", em vez de expressões que comecem com uma recusa seca. Pode parecer absurdo, mas sabemos muito bem que se, diante da pergunta: "Posso ir ao banheiro?", o professor responder: "Não, agora não!", a reação pode ser se sentir atacado e, portanto, consequentemente, atacar. Basta modificar a forma, mantendo a intenção inalterada, para obter um efeito completamente diferente. Imaginem a mesma cena: o aluno pede: "Posso ir ao banheiro?", e o professor responde: "Sim, assim que eu terminar de explicar, você pode sair". Eu asseguro a vocês que basta mudar alguns termos, passar da negação à concessão, ainda que ligada a uma obrigação, para obter resultados surpreendentes. Não se assustem com o fato de o aluno poder voltar ao ataque, pedindo-lhes novamente: "Posso ir ao banheiro?" Fiquem calmos e respondam: "Claro, eu disse que sim. Assim que eu terminar, você pode sair. Eu prometo!"

Não neguem, mas expliquem: trabalhem as consequências naturais. Se tiverem que lidar com uma criança ou um adolescente particularmente obstinado, com quem as estratégias apresentadas até agora não funcionam, então expliquem com clareza por que não é possível sair da sala de aula naquele exato momento. O aluno ou a aluna com TOD tem um QI dentro da norma ou até superior, o que lhe permite entender as razões de vocês, contanto que sejam apresentadas da maneira correta. Não tentem se impor ou simplesmente relembrar o regulamento:

o objetivo da intervenção de vocês nesse caso é evitar que o estudante passe da fase da calma para a da ativação, razão pela qual é oportuno não pôr em prática nada que possa provocá-lo. Se ele já estiver na Fase 2, aquela em que ele está ativo, é melhor não jogar mais lenha na fogueira: evitem levá-lo diretamente para a crise. Façam com que a intervenção de vocês não seja percebida como uma rejeição pessoal, mas sim ligada à situação. Portanto, não digam: "Paulo, você pode ir ao banheiro. Mas você não, André!", mas sim: "Quem já escreveu o tema de casa na agenda pode ir ao banheiro. Quem não escreveu, tem que ficar na sala até terminar, senão corre o risco de não ter todas as informações para fazer o tema de casa".

Não se esqueçam...

O mais importante é sempre deixar claro que a fuga não é uma solução, que o aluno também pode ter "boas cartas para jogar" e que talvez agora seja o momento certo para fazer isso.

CAPÍTULO 7
CONTRADIZ *o professor repetidamente*

POR QUE FAZ ASSIM?

Porque o aluno ou a aluna com TOD tem uma inclinação a desafiar os adultos e, particularmente, quem representa a autoridade.

Porque quer impor o próprio ponto de vista e não é capaz nem de mediar nem de pôr em prática estratégias para comprazer a outra pessoa.

Porque é naturalmente litigioso.

O QUE VALORIZAR

✓ Sua vontade de se colocar no **centro das atenções**.

✓ A admiração que sente em relação a quem desempenha um **papel** reconhecido.

✓ A tendência a **"não ficar ruminando"**.

O QUE NÃO FAZER

✗ NÃO se deixem arrastar para a discussão.

✗ NÃO deem importância excessiva à tendência do aluno de contradizer qualquer proposta ou observação de vocês.

✗ NÃO respondam no mesmo tom das objeções do aluno.

✗ NÃO interrompam as contínuas contestações, fazendo valer o papel de vocês.

Quais pensamentos é preciso manter sob controle

O pensamento mais contraproducente para um professor comprometido em lidar com um aluno opositor é o do controle: está equivocada a convicção de que o aluno deve obedecer ao professor e que este, se não conseguir se impor, provavelmente não é competente o suficiente em sua profissão. Quando um estudante contradiz o professor diante de toda a turma, não se deve reagir com a intenção de enfrentar as provocações.

Alguns adultos temem "quebrar a cara" se não conseguirem responder "à altura". Porém, eles se esquecem de que o objetivo do provocador é justamente ativar um conflito, passar da Fase 2 para a Fase 3, tomando exatamente o sentido contrário ao correto. O segundo pensamento a se manter sob controle, imediatamente ligado ao que acabamos de destacar, é que o adulto flexível e estratégico, na realidade, é um adulto permissivo, que joga a toalha. A perigosa convicção é que esse tipo de atitude pode reforçar ou até alimentar os comportamentos negativos dos alunos que "acabarão se aproveitando disso". Não é assim. Não devemos transmitir a ideia de que as únicas alternativas são "controlar" ou "ser controlado", mas sim trabalhar para promover na criança ou no adolescente com TOD uma competência fundamental: a capacidade de mediação.

Algumas ideias sobre como intervir

- Atribuam ao estudante um papel ativo, mediante o qual ele possa mostrar sua competência. Um aluno que se opõe às propostas do professor, contrapondo suas ideias, pode até se tornar um recurso para a turma, desde que essa sua "energia" seja corretamente canalizada e não se limite a ser uma pura *verve* polêmica. Para fazer com que a criança ou o adolescente com TOD se sinta valorizado e não provocado, o conselho é partir de suas objeções para lhe reconhecer um papel e lhe dar a oportunidade de participar ativamente dos trabalhos do grupo da turma. Se, por exemplo, ele contradisser vocês com a clássica frase: "Não é verdade!", vocês poderão responder dizendo: "Eu estou expondo o meu ponto de vista, mas estou disposto a ouvir o seu também. Explique-me bem com o que você não concorda, qual é o seu ponto de vista. Eu realmente gostaria de entender". Atenção: o tom com que vocês falarão essas frases obviamente fará a diferença: excluam toda forma de sarcasmo e demonstrem-se autenticamente abertos à escuta.

- ◉ Mostrem-se capazes de mediar. Apresentem-se aos olhos do estudante desafiante como modelos de mediação eficaz, evitando se enrijecer em suas posições e evitando passar a mensagem de que só existem duas alternativas: o que eu digo é verdade ou o que você diz é verdade. Se vocês fizeram uma proposta, e o estudante lhes contradisser abertamente, apontem isso para ele: "Temos ideias opostas sobre esse assunto". O importante é que vocês sempre acrescentem:

"...tentemos encontrar uma solução que funcione para nós dois". É fundamental que vocês sempre tenham em mente que é preciso terminar uma contradição com a sensação de que ambas as partes, professor e aluno, podem se considerar plenamente satisfeitas. Não se deixem vencer pelas paixões, mas tentem se manter firmes e educados. Se o estudante insistir, afirmando: "Não está certo que...", evidentemente ele deve ter seus motivos: não insistam na tentativa de "convertê-lo" ou de trazê-lo necessariamente para o nosso lado, porque isso pode lhe parecer mais uma tentativa de dominá-lo. Em vez disso, tentemos lhe perguntar: "Bem, o que você sugeriria como alternativa?" Recolhamos suas sugestões e, depois de as avaliar meticulosamente, apresentemos uma contraproposta mediada, que permita compreender a nossa disponibilidade para aceitar soluções alternativas, obviamente apenas se forem expostas com inteligência. Não tenham medo de acostumar a criança ou o adolescente opositor a assumir atitudes cada vez mais polêmicas, pois provavelmente são comportamentos que ele já manifesta com frequência. Em vez disso, fiquem satisfeitos em fazer com que ele experimente concretamente uma competência que pode melhorar a vida dele e a de vocês: a capacidade de mediação.

Mudem de assunto. Se o estudante já estiver na fase da crise, e as estratégias recém-sugeridas não surtirem nenhum efeito, lembrem-se de que o objetivo de vocês não é vencer, mas sim levar o aluno gradualmente para a fase posterior, a da desescalada. Se vocês já compreenderam que, a respeito de um certo assunto, o objetivo da criança ou do adolescente é contradizê-los sistematicamente apenas pelo gosto de polemizar, é preferível não alimentar a discussão de modo estéril, mas mudar de assunto ou simplesmente reconhecer que talvez ele pode ter razão: vocês vão pensar a respeito e se mostrar disponíveis para falar sobre isso em um segundo momento, com mais calma. Vocês também podem pedir um "tempo" ou interromper a atividade de forma decisiva, mas gentil, nunca como se fosse uma punição, mas sempre se mostrando respeitosos e abertos à colaboração.

Não se esqueçam...

Não é possível ser estratégico quando se perde a calma: façam com que a criança ou o adolescente com TOD nunca entenda quais são as situações que realmente deixam vocês nervosos. Lembrem-se de que se trata de alunos inteligentes e que também aprendem rapidamente a fazer com que vocês "percam as estribeiras".

CAPÍTULO 8 INSULTA OS COLEGAS
ou debocha deles

POR QUE FAZ ASSIM?

Porque o aluno ou a aluna com TOD tem dificuldade para entrar em sintonia com os outros, tendendo a resmungar e a incomodar, na desajeitada tentativa de se impor ou de estabelecer uma relação.

Porque não consegue controlar a raiva, mesmo em momentos banais de conflito.

Porque, muitas vezes, tende a ser excluído do grupo, e isso cria uma espécie de círculo vicioso.

O QUE VALORIZAR

✓ Seu **nível cognitivo**.

✓ Sua tendência a funcionar melhor na relação **"um a um"**.

✓ Sua vontade de sair **"vencedor"** em um conflito.

O QUE NÃO FAZER

✗ NÃO fiquem do lado dos colegas abertamente.

✗ NÃO ressaltem as palavras negativas expressadas pelo aluno.

✗ NÃO o definam como mal-educado.

✗ NÃO usem frases moralizantes para gerar sentimentos de culpa.

Quais pensamentos é preciso manter sob controle

Quando alguém é rotulado como a "ovelha perdida" do grupo, pode ser muito difícil "recuperá-la", ou seja, modificá-la em favor de um comportamento mais adequado. Evitem pensar que o destino de uma criança ou um adolescente com TOD já está traçado e que alguns de seus comportamentos são a marca de sua incapacidade de se integrar na turma. Repreendam as palavras do aluno, mas não transmitam a ideia de que ele deve ser isolado por ser inadequado. O que vocês sempre devem ter em mente é que as intervenções que vocês colocarem em prática serão tanto mais eficazes quanto mais forem propostas estrategicamente.

A principal dificuldade da criança ou do adolescente opositor que insulta seus pares consiste, muitas vezes, justamente no fato de não conhecer e dominar outras modalidades para se relacionar com seus coetâneos: toda ação que tenda a ampliar a distância entre ele e os colegas só alimentará esse senso de inadequação e, em todos os casos, certamente não o tornará mais hábil na gestão das relações. Afastar um aluno da turma porque ele não consegue se relacionar corretamente é como tirar alguém do mar porque não sabe flutuar: o problema é resolvido temporariamente, mas depois também é preciso lhe ensinar a nadar.

Algumas ideias sobre como intervir

- Ajudem a criança ou o adolescente a reformular as frases de insulto de maneira não ofensiva. Nunca se mostrem escandalizados diante das expressões vulgares utilizadas. Uma reação excessivamente conturbada, de fato, pode aumentar a tendência de recorrer ao palavrão. Em vez disso, tentem acolher o que é dito e transformá-lo, de modo que a mensagem mantenha sua força, mas a forma seja aceitável. Deixem claro que é permitido discordar, irritar-se e até discutir, contanto que não se recorra a termos vulgares ou fortemente ofensivos. Se o estudante com TOD se dirigiu a um colega dizendo: "Você é um filho da...!", tentem reformular sua frase assim: "Você quer lhe dizer que ele se comportou muito mal com você? Ou que não foi correto? Ou que foi muito desleal? Diga isso a ele, vá em frente. Se quiser, você também pode pedir a ele que lhe explique o porquê, assim talvez vocês se entendam!" Não condenem o fato de ele sentir raiva ou mesmo de não conseguir controlá-la, mas deem a ele a oportunidade de <u>expressar corretamente</u> todos os fortes sentimentos que tem.

◉ <u>Conversem individualmente</u>. Quando os insultos ou os deboches geram mal-estar em alguns colegas, convém ajudar a criança ou o adolescente a reconhecer esse sofrimento. A sugestão é de não o repreender publicamente na frente de todos, mas de identificar um momento para poder pensar frente a frente sobre o que está acontecendo ou aconteceu. Atenção: geralmente, o aluno opositor não é alguém que faz *bullying*, não se focaliza em uma vítima designada pelo puro prazer de fazê-la sofrer ou para buscar a admiração dos outros. Mais simplesmente, ele age impulsivamente, sem conseguir imaginar as consequências de suas ações. O deboche, de modo particular, pode até se manifestar na Fase 1, quando o aluno está completamente calmo ou, no máximo, no início da Fase 2, quando ele começa a se sentir "genericamente" provocado e parece estar procurando um pretexto para entrar em conflito com qualquer um que se preste a jogar o seu jogo. Não deem "lições de moral". Basta sugerir que ele olhe para seus colegas com outros olhos: "Você se deu conta de que, quando você usa esse apelido para se referir à Sara, ela baixa os olhos e para de falar? Parece-me que às vezes ela até fica muito envergonhada. Talvez antes ela até gostasse, mas agora me parece que não mais. O que você acha?" Sejam francos: as respostas de seus alunos irão surpreendê-los.

- Convidem o aluno ou a aluna a se esclarecer privadamente, de forma pacata, com o colega a quem atacou verbalmente. Observem as palavras que usamos: "convidem", e não "obriguem"; "esclarecer-se", e não "desculpar-se". Lembrem- -se de que as palavras e o tom de voz que vocês usam são importantes. Não partam do pressuposto de que a criança

ou o adolescente com TOD está sempre errado tanto na forma quanto nos conteúdos: a falta de preconceitos em vocês os ajudará a criar um relacionamento bom e duradouro. Em um encontro reservado, expliquem que, mesmo quando há um conflito, sempre existe a possibilidade de um esclarecimento. Então, ofereçam-se como mediadores para favorecer o encontro entre ele e o colega, tentando ao máximo manter uma posição de neutralidade.

Não se esqueçam...

Os professores e as professoras são modelos de comportamento para seus alunos, mesmo para os desafiantes e opositores. Um professor que optasse por zombar de uma criança ou adolescente com TOD com a intenção de fazê-lo sentir aquilo que os outros experimentam quando se sentem ridicularizados apenas transmitiria a mensagem de que algumas formas de comunicação são permitidas ou até são funcionais quando se quer impor o próprio ponto de vista.

Isso não lhes parece realmente arriscado?

CAPÍTULO 9

PROVOCA o professor verbalmente

POR QUE FAZ ASSIM?

Porque o aluno ou a aluna com TOD tem uma propensão natural a entrar em conflito com todos aqueles que representam a autoridade.

Porque tende a pôr à prova os adultos que o cercam: ele os incomoda repetidamente e tenta envolvê-los em contraposições para depreciar sua reputação.

Porque não aceita ser ignorado e busca oportunidades para estar no centro das atenções, condicionar os outros e controlar a situação.

O QUE VALORIZAR

√ Seu desejo de *participar ativamente* de uma discussão.

√ Seu desejo de que um *papel* lhe seja reconhecido.

√ Sua sensibilidade à *gratificação*.

O QUE NÃO FAZER

✗ NÃO cedam à tentação de se deixarem arrastar para um conflito.

✗ NÃO mostrem o ressentimento ou a irritação de vocês.

✗ NÃO o ignorem completamente, como se ele não existisse.

✗ NÃO respondam com sarcasmo.

Quais pensamentos é preciso manter sob controle

A provocação verbal do aluno opositor, expressada com afirmações que tendem a ridicularizar ou menosprezar o professor, muitas vezes ocorre após divergências repetidas ou após a recusa a participar das atividades propostas pelo docente. Já ressaltamos quais são os pensamentos a se manter sob controle em situações semelhantes, mas, se a questão se complicar, e o aluno começar a nos desafiar com frases como: "O senhor não sabe nada!", ou talvez até passando a nos tratar de modo informal demais ("...senão, você vai fazer o quê?"), é importante procurar a causa desencadeadora dessas atitudes e, sobretudo, seu objetivo.

Os alunos e as alunas desafiantes, justamente por buscarem um conflito cada vez mais ríspido, querem passar da Fase 3 para a Fase 4, ir rumo à crise, chegar à explosão. O adulto é chamado a reconhecer esse processo e a implementar as estratégias necessárias para desativar as crianças e os adolescentes, e trazê-los de volta para o estágio inicial, o da calma. Porém, não se trata de derrotar um "inimigo" para demonstrar ao grupo – neste caso a turma – quem é o mais forte.

Em vez disso, a finalidade é alcançar estrategicamente o objetivo educacional e formativo de gerir com sucesso uma situação potencialmente crítica, interrompendo a escalada para uma crise de comportamento.

Nunca usem o sarcasmo para responder à criança ou

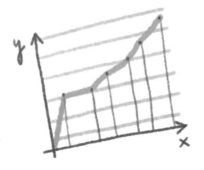

ao adolescente: vocês correm o risco de humilhá-lo ou de envergonhá-lo na frente dos colegas.

Algumas ideias sobre como intervir

⦿ Controlem o tom e o ritmo da voz de vocês. É realmente muito desafiador resistir a algumas das provocações verbais feitas pelo aluno opositor, sobretudo porque, além dele, estão presentes em sala de aula muitos outros espectadores, diante dos quais nós, professores e professoras, muitas vezes tememos perder a autoridade. Uma das primeiras coisas a se fazer certamente é manter o tom, já mencionado, que os ingleses definem como *businesslike*, ou seja, profissional, não carregado emocionalmente, a partir do qual não transpareça que a pessoa está aborrecida, nervosa, irritada. O nosso estilo "paraverbal", ou seja, o modo como nos dirigimos ao outro, muitas vezes importa quase mais do que o próprio conteúdo da comunicação. A nossa voz pode nos ajudar a manter sob controle uma situação tensa ou, pelo contrário, pode transmitir à criança ou ao adolescente opositor a sensação de ter alcançado seu objetivo: envolver-nos no conflito. Um conselho: quanto mais o estudante tender a elevar o tom, mais vocês o abaixam; quanto mais ele acelerar o ritmo, mais vocês tentam desacelerá-lo. Se vocês têm tendencialmente um tom de voz alto ou um ritmo rápido, pratiquem sozinhos como abaixá-lo ou desacelerá-lo. Lembrem-se de que crianças e adolescentes com TOD vivenciam um tom acima da norma como algo desafiador, pois é imediatamente percebido como peremptório e categórico. O mesmo vale para um ritmo excessivamente acelerado, que corre o risco de transmitir tensão. Certifiquem-se de modular o estilo da conversa, imaginando que estão levantando gradualmente o pé do acelerador de um carro. Pode parecer banal, mas vocês verão que dará seus frutos.

⦾ Recolham a parte positiva da provocação. A regra de que a forma importa mais do que a substância também vale para a criança e o adolescente. No entanto, como recém--lembramos, é importante reconhecer a tempo todas as situações em que o aluno ou a aluna usa um estilo verbal intencionalmente irritante e voltado à provocação. Se ele ou ela lhes provocar com afirmações como: "Não se entende nada quando você fala. Você realmente não consegue se explicar!", tentem responder mantendo um tom *businesslike*. "O que não ficou claro para você? Faça-me algumas perguntas, e vamos ver se eu consigo encontrar uma forma melhor para lhe explicar o que não ficou claro para você. Depois, continuamos com a explicação." Se o estudante explodir com outras afirmações desagradáveis, tentem lhe responder sempre com um tom profissional: "Diga-me com o que você não concorda, e vamos tentar falar sobre isso. Talvez encontremos uma solução que seja satisfatória para todos!" Certamente não é algo imediato, mas, com autotreinamento, é possível alcançar um bom resultado. Nem sempre, mas muitas vezes sim.

⦾ Use os elogios estrategicamente. Tentem identificar pelo menos um elemento positivo em relação a tudo o que está acontecendo de negativo: isso lhes servirá para tentar criar uma oportunidade de diálogo com o aluno ou a aluna.

Elogiem aquilo que vocês podem elogiar, sabendo que a gratificação é uma arma muito poderosa para aumentar a propensão a colaborar e para desarmar as provocações. Mas atenção: o elogio sempre deve ser sincero, nunca deve parecer uma brincadeira. Voltemos ao exemplo anterior: se o aluno me interrompe dizendo que não consigo me explicar e que não entendeu nada do que acabei de ilustrar, então eu posso anteceder a frase: "O que não ficou claro para você? Faça-me algumas perguntas..." com uma declaração de apreciação, como por exemplo: "Você fez muito bem em apontar que há algo que não ficou claro para você. O que não ficou claro para você?" Vocês já notaram que os grandes oradores sempre expressam gratidão a quem os entrevista, sobretudo quando lhes fazem uma pergunta particularmente difícil? Normalmente, sua resposta sempre começa com: "Antes de mais nada, obrigado por me fazer essa pergunta..." A finalidade é a de tornar o interlocutor mais complacente e empático, e reduzir sua verve polêmica. Algo decisivamente estratégico!

Não se esqueçam...

Há um tempo para entrar em sintonia e um tempo para corrigir, mas não se pode pensar em modificar o comportamento de um aluno ou de uma aluna com TOD se não formos capazes de estabelecer *a priori* uma ordem para alcançar os próprios objetivos.

CAPÍTULO 10
QUER SE VINGAR
na escola

POR QUE FAZ ASSIM?

Porque o aluno ou a aluna com TOD tem uma tendência natural ao ressentimento e tende a ser rancoroso com as pessoas com quem entrou em conflito anteriormente.

Porque pode se mostrar excessivamente hostil em relação a seus pares ou aos adultos, sem nenhuma razão aparente.

Porque tende a interpretar os comportamentos dos outros como incorretos e a captar algumas intervenções, voltadas a modular sua conduta, como tentativas de prejudicá-lo intencionalmente.

Porque tem dificuldade de elaborar conflitos já encerrados e de encontrar soluções "positivas".

O QUE VALORIZAR

√ O fato de conseguir **não passar** das ideias para as ações.

√ Sua tendência a **expressar** aquilo que sente.

O QUE NÃO FAZER

✘ NÃO o culpem pela sua incapacidade de imaginar uma solução alternativa em relação ao rancor.

✘ NÃO o penalizem apenas por ter expressado seu desejo de vingança.

✘ NÃO o façam se sentir como uma espécie de "vigiado especial", como se sempre estivesse prestes a planejar algo desagradável.

Quais pensamentos é preciso manter sob controle

A criança ou o adolescente que nutre pensamentos vingativos não é um aluno a ser condenado, mas a ser (compreendido) O professor ou a professora deve evitar pensar que a atitude rancorosa deve ser imediatamente reprimida, talvez por meio de uma repreensão pública na frente de todos os colegas. Esses pensamentos levam o adulto a agir como uma espécie de paladino do bem, em oposição à criança ou ao adolescente opositor que, por outro lado, será percebido pela turma como alguém que é culpado sistematicamente. O mecanismo que acabamos de descrever, fruto de uma percepção inexata por parte do professor sobre seu próprio papel, acaba alimentando no estudante com TOD um sentimento de profunda injustiça e o desejo de se impor ao professor assim que surgirem oportunidades de revanche.

Dreikurs (1990) considera a criança ou o adolescente "vingativo" como um sujeito erroneamente convencido de que não pode ser amado por ninguém e que não tem nenhuma possibilidade de se impor de forma positiva. Todas as nossas intervenções voltadas a agir como se devêssemos proteger os outros de um suposto culpado só confirmará essa convicção, gerando uma perigosa exacerbação do desejo de retaliação e das ações de revanche por parte do próprio estudante.

Algumas ideias sobre como intervir

Ajudem o aluno a reler algumas situações "não resolvidas".

Geralmente, as atitudes vingativas aparecem na fase de

desescalada, ou seja, no momento em que o aluno ou a aluna, embora desejando superar uma situação que percebe como crítica, não possui as competências para enfrentar adequadamente essas dinâmicas. Uma estratégia eficaz para evitar o retorno à fase de crise consiste em rever junto com ele o que aconteceu, oferecendo-lhe um <u>ponto de vista alternativo</u> e ajudando-o a ler de forma diferente os comportamentos das pessoas a seu redor. Não se esqueçam que muitas vezes o estudante com TOD tem um *locus* de controle externo estável, e isso significa que é realmente difícil para ele pensar que a solução de seus problemas não consiste em descontar em quem ele acha que é a causa de seus problemas; isto é, o resto do mundo. Façam com que ele conte sua versão dos fatos, pedindo que seja o máximo possível objetivo, eliminando toda avaliação e interpretação, atendo-se apenas aos fatos. Posteriormente, tentem destacar as relações de causa e efeito entre as ações praticadas e suas consequências. Se necessário, reformulem os relatos para "limpá-los" de toda espécie de componente *persecutório*, de modo a chegar a uma leitura o máximo possível imparcial do ocorrido. Aqui está um exemplo: "Paulo e João conversavam em voz baixa. Não entendi o que eles diziam, mas tenho certeza de que estavam falando mal de mim. Assim que eu encontrar

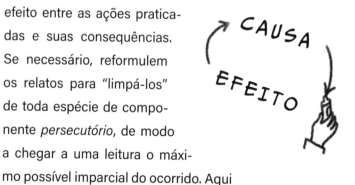

Paulo fora da escola, ele vai ver!" Esta circunstância pode ser reformulada pelo professor da seguinte forma: "Você viu dois colegas falando em voz baixa, achou que falavam mal de você e ficou com raiva. O que pode ser feito em relação a isso?"

🔊 Ofereçam uma alternativa possível. Como já destacado, as ameaças da criança ou do adolescente opositor representam tentativas impróprias de encontrar uma solução para as situações de conflito. Sua forma habitual de funcionamento, associada às experiências pessoais passadas, não lhe facilita o planejamento de estratégias eficazes para superar os momentos mais difíceis. Se o professor o repreender, é difícil pensar que ele aceitará a advertência. Se um colega o provocar, não podemos esperar que ele não reaja, e isso pode ocorrer independentemente se o professor o advertiu de maneira estratégica ou se seu amigo o incomodou de forma absolutamente involuntária. Partam da ideia de que o estudante com TOD sempre terá uma reação mais ou menos intensa. Mas qual? Depende do leque de alternativas que ele tem. Portanto, evitem frases como: "Não diga...", "Não faça...", mas acrescentem novas opções, enriqueçam suas possibilidades de escolha, fazendo-o entender que algumas alternativas são mais vantajosas do que outras. Se um colega realmente debochou dele, e vocês o ouvirem gritar: "Eu ouvi que alguém está falando mal de mim, então agora vou acabar com ele!", vocês podem acrescentar: "...ou você pode dizer isso a mim, para que eu interfira, e você evita ir para o lado errado. O que você me diz?" Se, no corredor, durante uma brincadeira, alguém inadvertidamente bater nele com um guarda-chuva, e ele gritar: "Agora vou quebrar isso na sua cara!", você pode acrescentar: "...ou você me dá esse guarda-chuva, eu o guardo, e ninguém se machuca!"

• Criem oportunidades de relaxamento. O comportamento vingativo e raivoso da criança ou do adolescente opositor pode aumentar o risco de isolamento social. Por isso, é fundamental criar oportunidades simples para refazer os vínculos com os colegas. Nesse caso, o adulto desempenha o papel de promotor, tentando facilitar a relação entre os pares e implementando as estratégias descritas até aqui. O objetivo é fazer com que a criança ou o adolescente e sua turma vivam momentos positivos e aprendam novamente a colaborar pacificamente.

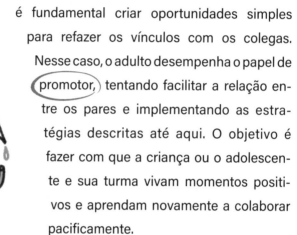

Não se esqueçam...

As atitudes de rancor e de vingança também podem surgir pelo fato de o aluno se sentir isolado e rejeitado. Quanto menos forem as oportunidades de conflito construtivo, menos nos conheceremos e menos nos apreciaremos...

CAPÍTULO 11 NÃO COMPREENDE as advertências

POR QUE FAZ ASSIM?

Porque o aluno ou a aluna com TOD se contrapõe fortemente a tudo o que lhe é imposto pela pessoa adulta, independentemente se os pedidos forem razoáveis.

Porque acredita que está certo e tende a pensar que tudo o que lhe acontece de negativo não depende de seu comportamento, mas das atitudes negativas de quem o cerca.

Porque, quando está na fase de crise, não consegue elaborar nenhuma das informações que vêm de fora e tende a se contrapor quase inconscientemente a qualquer sugestão.

O QUE VALORIZAR

√ Sua tendência a se sentir tranquilo e seguro pelas *rotinas*.

√ Suas competências comunicativas *não verbais*.

√ A capacidade de compreender *"friamente"* as situações, graças a suas competências cognitivas adequadas.

O QUE NÃO FAZER

✗ NÃO ressaltem o fato de ele não entender algumas normas comportamentais.

✗ NÃO o comparem a uma criança de idade muito inferior à dele.

✗ NÃO prometam punições e castigos.

Quais pensamentos é preciso manter sob controle

"Quantas vezes eu tenho que lhe dizer?" Essa é uma das principais objeções levantadas por professores ou professoras em relação a quem defende que o comportamento do estudante opositor não depende apenas de sua vontade, mas também de uma série de dificuldades objetivas, como a fragilidade no autocontrole e na capacidade de reconhecer e respeitar as principais regras da vida social. Parece impossível para o professor que uma criança ou um adolescente não seja capaz de valorizar as experiências passadas e aprender com os próprios erros. Mas é assim. De fato, para alguns alunos e alunas, a clássica advertência parece "entrar por um ouvido e sair pelo outro". Não se surpreendam: o nosso cérebro é feito assim. Uma pessoa pode muito bem ouvir, mas não entender, e isso ocorre, por exemplo, quando ela se encontra em um estado de agitação particular. Se eu estivesse no teatro e começasse um incêndio, sei que conseguiria ouvir em alto e bom som a mensagem: "Usem apenas as saídas de emergência", mas, ao mesmo tempo, correria assustado até à entrada, para tentar me salvar. Por que isso ocorre? Precisamente porque, apesar de ter ouvido a ordem verbal, o medo não me permite compreendê-lo melhor. O mesmo ocorre com a criança e o adolescente com TOD, que, durante a fase de desescalada, pode ficar insensível a qualquer tipo de apelo.

Considerem também que nós, pessoas adultas, muitas vezes temos prioridades diferentes das crianças e dos adolescentes: aquilo que para nós, professores e professoras, pode ser muito importante, por exemplo tirar o boné em sala de aula como sinal de respeito às pessoas presentes e ao local onde nos encontramos, pode ser considerado pelos estudantes como algo secundário. Há ações "provocadoras" que alguns alunos e alunas fazem de modo involuntário e que, pelo simples fato de serem realizadas por quem tem "uma certa fama", tendem a ser amplificadas. Não se deixem enganar pelo efeito "ovelha perdida".

Algumas ideias sobre como intervir

- Trabalhem na construção de bons hábitos. Em vez de repreender o aluno continuamente para lembrá-lo de como executar uma tarefa corretamente, seria útil construir uma série de procedimentos que lhe permitam realizar automaticamente as ações corretas. Se a dificuldade está em se encontrar na própria classe quando a aula começa, com todo o material pronto para participar ativamente dos trabalhos, pode ser eficaz estruturar uma rotina que preveja para toda a turma uma verificação rápida do próprio lugar de trabalho. O objetivo é tornar mecânicas certas operações, de modo a evitar ter que repreender constantemente o aluno ou a aluna individualmente. Tentem favorecer o desenvolvimento de um método baseado na repetição de alguns bons hábitos: isso permitirá que vocês não caiam no erro de se sentirem provocados pelos comportamentos impulsivos praticados pelo estudante e que vocês poderiam perceber como uma espécie de desafio à autoridade de vocês.
- Usem a comunicação não verbal. Uma boa estratégia para fazer com que o estudante com TOD não exploda

é evitar as repreensões verbais diretas e as repreensões que, como já ressaltamos, não só são de pouca utilidade, como também podem até ser contraproducentes. Atenção: ninguém está pedindo para que o professor ou a professora não intervenha e tolere todo tipo de comportamento incorreto. O professor tem uma função educativa, e é sua tarefa se esforçar para ajudar cada estudante a melhorar, mas essa meta educativa pode ser alcançada de vários modos, não apenas por meio da repreensão verbal. Nós, pessoas adultas, falamos demais e, quando nos dirigimos ao aluno desafiador com um tom desagradável, sua tendência natural será a de se opor antes mesmo de ter recebido o conteúdo da mensagem. Se, ao entrar em sala de aula, encontro Laura mais uma vez de boné na cabeça e me dirijo a ela com estas palavras: "Quantas vezes eu tenho que lhe dizer que é preciso tirar o boné dentro da sala de aula?", fiquem certos de que, só ao ouvir o começo da frase: "Quantas vezes...", a menina já vai interromper todas as possibilidades comunicativas e começará a rebater. Uma boa alternativa pode ser a de olhá-la fixamente, sorrir e apontar o dedo para a sua cabeça, de modo a lembrá-la de que ela deve tirar o boné. A comunicação não verbal também tem a vantagem de ser decisivamente mais discreta: um gesto pode ser dirigido ao estudante com TOD sem que o restante da turma perceba, e isso não é pouca coisa!

◉ Escrevam. Para lembrar quais são os comportamentos corretos a serem adotados em uma determinada circunstância ou para ajudar uma criança ou adolescen-  te a refletir sobre o que ocorreu em sala de aula após uma crise, pode ser útil escrever uma carta para ele ou ela. Não uma nota, mas uma verdadeira mensagem epistolar que ele ou ela poderá ler com calma quando estiver em condições de raciocinar com serenidade. A carta não deverá ter um estilo acusatório ou condenatório, mas poderia simplesmente ajudar o estudante a reler o episódio explosivo com calma e de forma mais objetiva, talvez com algumas sugestões sobre como gerir situações semelhantes que possam se repetir no futuro. Aconselho vocês a se limitarem a contar o ocorrido de maneira operacional; ou seja, somente aquilo que viram e ouviram, tentando destacar as relações de causa e efeito que ligam alguns comportamentos a reações específicas do ambiente. Por exemplo, vocês podem descrever como Marcos se afastou de Paulo quando este levantou a voz. Lembrem-se sempre de serem (operacionais,) evitando julgamentos e avaliações. Se a escrita de vocês parecer difícil, provavelmente o estudante nem terminará de ler a carta. Sejam sempre estratégicos e tenham em mente seu principal objetivo: favorecer a

131

reflexão. Obviamente, vocês não poderão entregar a carta na presença de toda a turma: é preferível que ela chegue ao destinatário de forma rápida e confidencial.

Não se esqueçam...

O aluno ou a aluna de vocês não reage intencionalmente, e seu comportamento não indica nenhum tipo de carência cognitiva: ele é simplesmente ativado a tal nível que ouve, mas não elabora as mensagens provenientes de fora.

CAPÍTULO 12 NÃO QUER VOLTAR
para a sala de aula

POR QUE FAZ ASSIM?

Porque o aluno ou a aluna com TOD precisa de tempo para recuperar um adequado nível de autocontrole e para se sentir seguro na gestão dos impulsos e das emoções.

Porque, passado o momento de crise, dá-se conta de que teve comportamentos que poderiam suscitar julgamentos negativos e criticáveis no grupo.

Porque tende a fugir de todas aquelas situações que o põem à prova e que requerem o respeito pelas normas sociais compartilhadas.

O QUE VALORIZAR

✓ As **relações "especiais"** estabelecidas com alguns colegas ou professores.

✓ Sua consciência de que precisa de **tempo** para poder se recuperar.

O QUE NÃO FAZER

✗ NÃO o obriguem a voltar para a sala rapidamente demais.

✗ NÃO o obriguem a pedir desculpas aos colegas.

✗ NÃO o deixem sozinho para "refletir" sobre o que ocorreu: vocês podem transmitir a ideia de que esse momento de solidão é uma punição ou, pelo contrário, uma espécie de recompensa.

Quais pensamentos é preciso manter sob controle

Um bom professor não é aquele que resolve todos os problemas rapidamente, mas aquele que sabe dedicar o tempo certo às questões importantes. Como ilustramos no início do livro, os comportamentos desafiantes e de oposição se manifestam dentro de um verdadeiro processo, em que cada fase tem sua própria duração. Após a crise, o desejo do professor de voltar rapidamente à normalidade pode ser interpretado pela criança ou pelo adolescente como uma nova provocação, com o risco de que o processo recomece. Certamente não queremos correr esse risco. Mesmo na fase final, quando o estudante já se acalmou e está mais disponível para o diálogo, devemos nos lembrar de que ele acabou de viver uma experiência emocionalmente intensa, da qual pode ter saído muito provado. Portanto, não devemos nos surpreender se ele não se sentir pronto para se submeter imediatamente a uma nova situação de tensão: voltar à sala de aula e enfrentar o julgamento dos colegas. De fato, poderíamos partir desse seu nível de consciência para ajudá-lo a gerir corretamente seu retorno à sala de aula.

Também é bom lembrar que há situações nas quais o aluno ou a aluna pode até se beneficiar pelo fato de estar temporariamente em um ambiente diferente daquele em que a crise se manifestou. Como nos recorda Scott Walls (2016), o processo de desescalada também é favorecido pela mudança de elementos, como, por exemplo, a sala em que o sujeito se encontra, ou as solicitações verbais a que é submetido (as vozes dos colegas), ou até mesmo as condições térmicas. Alguns alunos ou alunas podem estar inconscientemente à procura das melhores condições para voltar a um estado de equilíbrio que lhes permita reinserir-se no grupo.

Outros podem simplesmente ter vergonha do que ocorreu: é uma reação compreensível quando a crise termina. A criança ou o adolescente com TOD que não quer voltar para a sala de aula não quer fugir de nós, mas de uma situação que ele ou ela ainda custa a gerir.

Algumas ideias sobre como intervir

◐ Organizem trabalhos em pequenos grupos, aproveitando as relações especiais. Se a criança ou o adolescente com TOD tiver dificuldades para retornar ao grupo em sala de aula, ofereçam a ele ou a ela um retorno mais suave. Encontrem a oportunidade para organizar uma atividade que lhes permita dividir os estudantes em pequenas equipes de trabalho e façam com que o aluno opositor colabore com os colegas com quem tem uma boa relação, evitando cuidadosamente "combinações explosivas". Lembrem-se de que, nessa fase, o objetivo de vocês é fazer com que o estudante volte a perceber um clima positivo em sala de aula, experimente relações agradáveis, sinta-se acolhido e esteja disposto a voltar a participar. Não exagerem. Aceitem que ele participe gradualmente dos trabalhos em grupo, oferecendo a contribuição que puder oferecer. Mesmo assim, é um bom ponto de partida. Se possível, utilizem metodologias como a aprendizagem cooperativa, que visam a criar uma interdependência positiva entre os estudantes, valorizando os pontos fortes de cada um.

- Ofereçam-se para ser o ⌈"assistente"⌉ dele ou dela em outras aulas. Há situações que podem demandar um pouco mais de tempo para voltar à normalidade. Nesses casos, nunca é positivo insistir para que o estudante, ainda provado pela crise recém-concluída, volte à sala de aula. Uma alternativa válida poderia ser convidar a criança ou o adolescente a lhes acompanhar até outra sala, para apoiá-los em alguma atividade. A proposta nunca deve atender a um pedido explícito dele ou dela, ou se transformar em um hábito que permita que ele ou ela evite a convivência com os colegas. Em vez disso, deve ser uma iniciativa bem ponderada da parte de vocês para conceder ao aluno um pouco mais de tempo para recuperar a serenidade necessária para gerir melhor seu retorno. Tal estratégia deve ser necessariamente combinada com o professor da hora seguinte, garantindo-lhe que a criança ou o adolescente não perderá a aula inteira, mas se ausentará apenas pelo tempo estabelecido. É muito importante que o aluno não se acostume a seguir sempre o mesmo professor, criando uma relação "próxima demais" e centrada apenas na satisfação de sua necessidade de se sentir acolhido. Recordemos sempre que o objetivo final é a inclusão do aluno dentro do grupo da turma e não seu isolamento, no âmbito de uma relação positiva com o adulto.

- Pense em ⌈atividades de descompressão⌉ a serem realizadas de forma segura e controlada fora da sala de aula. Se perceberem que o risco de explodir novamente é realmente muito alto, e que a criança ou o adolescente não está pronto para retomar o trabalho no grupo da turma, vocês podem avaliar a possibilidade de lhe propor uma atividade de descompressão fora da sala de aula. Trata-se de uma escolha muito delicada, que requer um acordo com o diretor ou diretora e com uma pessoa adulta que possa garantir seu acompanhamento. Se considerarem conveniente permitir que o aluno ou a aluna estude de forma autônoma ou realize uma tarefa sozinho na sala dos professores, vocês devem garantir sua presença junto dele ou dela ou confiar sua supervisão a um colega ou a um operador escolar ciente da situação. Nunca o deixem sem supervisão, especialmente se ele acabou de manifestar uma forte crise de oposição. Algo realmente pequeno pode ser suficiente para reativá-lo.

Não se esqueçam...

A opção de afastar a criança ou o adolescente da sala de aula é sempre uma escolha extrema: levar um aluno ou uma aluna com TOD para a sala dos professores não é um castigo e não pode ser uma recompensa: certifiquem-se de que a criança ou o adolescente perceba claramente o objetivo da intervenção de vocês.

O objetivo é favorecer a rápida recuperação da tranquilidade e do bem-estar geral: comuniquem claramente essa mensagem ao estudante e, se acharem conveniente, também a seus colegas.

Anotações

Anotações

Anotações

REFERÊNCIAS

ADLER, A. *La psicologia individuale della scuola – Psicologia dell'educazione.* Ed. por G. Canziani. Roma: Newton Compton, 2007.

APA. *DSM-5 Diagnostic and Statistical Manual of Mental Disorders.* 5. ed. Washington: American Psychiatric Publishing, 2013 [Trad. bras.: *Manual Diagnóstico e Estatístico de Transtornos Mentais: DSM-5.* 5. ed. Trad. de Maria I.C. Nascimento et al. Revisão técnica de Aristides V. Cordioli et al. Porto Alegre: Artmed, 2014].

BARKLEY, R.; BENTON, C.M. *Mio figlio è impossibile.* Trento: Erickson, 2016.

CARRADORI, G.; SANGIORGI, A. *L'analisi funzionale del comportamento.* Trento: Erickson, 2017.

COVEY, S. *Le 7 regole per avere successo.* Milão: FrancoAngeli, 2016 [Trad. bras.: *Os 7 hábitos das pessoas altamente eficazes: lições poderosas para a transformação pessoal.* Ed. rev. e ampl. Rio de Janeiro: BestSeller, 2017].

D'ALONZO, L. *Come fare per gestire la classe.* Florença: Giunti, 2016.

DAFFI, G. *Meno castighi e più ricompense.* Trento: Erickson, 2020.

DAFFI, G. *Genitori rispettosi e rispettati.* Trento: Erickson, 2021.

DI PIETRO, M.; RAMPAZZO, L. *Lo stress dell'insegnante.* Trento: Erickson, 1997.

DREIKURS, R. *Children: The challenge.* Nova York: The Penguins, 1990.

DREIKURS FERGUNSON, E. (2017). *Introduction à la théorie adlérienne.* Paris: Du Toucan, 2017.

FISHER, R.; URY, W.; PATTON, B. *L'arte del negoziato.* Milão: Corbaccio, 2005 [Trad. bras.: *Como chegar ao sim: como negociar acordos sem fazer concessões.* Rio de Janeiro: Sextante, 2018].

FOXX, R. *Tecniche di base del metodo comportamentale*. Trento: Erickson, 2021.

GIULI, C.; BERTACCHI, J.; CIPRIANI, I.; BALDI, L. *Coping Power nella scuola secondaria – Gestire le problematiche relazionali e promuovere comportamenti prosociali in classe*. Trento: Erickson, 2019.

GIULI, C.; BERTACCHI, J.; MURATORI, P.; BALDI, L. *Coping Power nella scuola primaria – Gestire i comportamenti problematici e promuovere le abilità relazionali in classe*. Trento: Erickson, 2016.

GIULI, C.; BERTACCHI, J.; MURATORI, P.; MINGOLLA, L. *Coping power nella scuola dell'infanzia – Gestire le emozioni e promuovere i comportamenti prosociali*. Trento: Erickson, 2017.

JONES, F. *Positive Classroom Discipline*. Nova York: McGraw-Hill, 1987.

LAMBRUSCHI, F.; MURATORI, P. *Psicologia e psicoterapia dei disturbi della condotta*. Milão: Carocci, 2013.

LOCHMAN, J.E.; WELLS, K.; LENHART, L. *Coping Power*. Trento: Erickson, 2012.

MURATORI, P.; LAMBRUSCHI, F. *I disturbi del comportamento in età evolutiva*. Trento: Erickson, 2020.

NELSEN, J. *Positive Discipline*. Nova York: Ballantine, 2006.

ROSSATO, A.; MAGRI, G. *Stress e burnout*. Milão: Carocci, 1999.

VIO, C.; TOSO, C.; SPAGNOLETTI, M.S. *L'intervento psicoeducativo nei disturbi dello sviluppo*. Roma: Carocci Faber, 2015.

WALLS, S. *Oppositional Defiant & Disruptive children and adolescent*. Wisconsin: Pesi, 2016.

Apêndice

FICHAS DE TRABALHO

Plano para a gestão de crises na presença de alunos e alunas com TOD

A legislação escolar de diversos países ao redor do mundo prevê a obrigatoriedade de que cada instituição adote um plano para a gestão das crises de comportamento dos alunos e das alunas com dificuldade e/ou transtornos específicos.

Na Itália, o Ministério da Educação, até hoje (2021), ainda não forneceu indicações específicas a esse respeito, embora existam alguns grupos de trabalho pertencentes a escritórios escolares individuais que estão trabalhando para experimentar e divulgar algumas boas práticas[15].

Partindo dessas experiências e das reflexões propostas no livro, relatamos alguns exemplos de fichas que podem servir de modelo para que professores e professoras construam um plano para a gestão de crises de alunos e alunas com TOD, a ser compartilhado em sua própria instituição.

Um bom plano deve ser elaborado paralelamente à entrada na escola do aluno ou da aluna com dificuldade, a ser implementado posteriormente, após uma adequada análise do comportamento realizada nos primeiros meses.

A versão inicial do plano se baseará apenas na teoria, tentando pôr em campo as estratégias que "valem para todos", en-

---

15. Entre eles, merece menção o trabalho realizado pelo Escritório Escolar Regional da Emília-Romanha. Também é interessante a experiência do serviço Sedico, promovido pelo VIII Escritório do âmbito territorial de Vicenza, assim como a iniciativa mais recente do Escritório Escolar do território da Bréscia, que, junto com o Serviço de Neuropsiquiatria Infantil dos Hospitais Civis, deu origem a um grupo de trabalho para favorecer a elaboração de planos de notificação e atendimento personalizado de estudantes com dificuldade de comportamento.

quanto as versões posteriores serão personalizadas em relação às necessidades específicas do aluno ou da aluna.

Um bom plano de gestão de crises deve avaliar o risco de "explosão" dos principais comportamentos desafiantes e de oposição do estudante, tanto com base em sua história pessoal quanto com base na observação direta, especificando a probabilidade de surgimento dos comportamentos problemáticos individuais.

Exemplo de ficha de avaliação do risco de explosão de comportamentos desafiantes e de oposição

Comportamento desafiador/opositor	Improvável	Pouco provável	Provável (quando)	Altamente provável (quando)
Não quer participar das atividades da turma			Durante os trabalhos em grupo e quando é "obrigado" pelo professor.	
Sai da sala de aula sem permissão				Durante a última hora de aula.
Provoca o professor verbalmente				Quando o professor o repreende levantando a voz.
Não quer voltar para a sala de aula			Depois de ter uma discussão com um professor na frente dos colegas.	

Depois de preencher a ficha de avaliação de risco, um bom plano de gestão de crise, para cada comportamento "provável" e "altamente provável", deve responder às seguintes perguntas:

- Quando o aluno "explode", quem intervém?
- Qual é o objetivo do adulto que intervém?
- Quais comportamentos devem ser absolutamente evitados? O que piora a situação?
- Que estratégias podem ser implementadas para alcançar o objetivo?
- Quais pensamentos é preciso manter sob controle?
- Existe alguém que pode nos ajudar? Se sim, como?
- Terminada a crise, há algo que possa ser feito para reduzir a probabilidade de ela ocorrer de novo?

O resultado final pode ser uma tabela como a seguinte (relativa aos dois primeiros comportamentos desafiantes e de oposição), a ser inserida no plano de aula personalizado.

Situação: não quer participar das atividades da turma	
Situação **provável** quando o aluno tem que fazer um trabalho em grupo	
Quem intervém: o professor	*Objetivo:* envolver o estudante
Quais comportamentos evitar:	Impor-se, ameaçar, obrigar a criança ou o adolescente a colaborar com um colega ou a se inserir em um grupo.
Quais estratégias utilizar:	Atribuir-lhe um papel ativo, por exemplo como porta-voz do grupo, partindo de um pedido que lhe agrade, por exemplo desenhar infográficos para documentar o trabalho.
ATENÇÃO: devido a seu transtorno, o aluno tem dificuldade de ficar no grupo e tenta evitar todas as situações em que deve se relacionar direta ou indiretamente com os outros.	
Situação: sai da sala de aula sem permissão	
Situação **altamente provável** durante a última hora de aula	
Quem intervém: o professor, o colaborador escolar	*Objetivo:* tranquilizar o estudante, certificar-se de que ele não se afaste do corredor onde normalmente fica por alguns minutos antes de voltar à sala.
Quais comportamentos evitar:	Perseguir o aluno, forçá-lo a entrar imediatamente.
Quais estratégias utilizar:	Combinar com o aluno um sinal que lhe permita sair em momentos específicos, de acordo com modalidades compactuadas, e lembrá-lo do que foi combinado.
ATENÇÃO: devido a seu transtorno, o aluno tem necessidade de se mover frequentemente.	

Conecte-se conosco:

f facebook.com/editoravozes

◉ @editoravozes

🐦 @editora_vozes

▶ youtube.com/editoravozes

🕾 +55 24 2233-9033

www.vozes.com.br

Conheça nossas lojas:
www.livrariavozes.com.br

Belo Horizonte – Brasília – Campinas – Cuiabá – Curitiba
Fortaleza – Juiz de Fora – Petrópolis – Recife – São Paulo

EDITORA VOZES LTDA.
Rua Frei Luís, 100 – Centro – Cep 25689-900 – Petrópolis, RJ
Tel.: (24) 2233-9000 – E-mail: vendas@vozes.com.br